MESSER MAGAZIN WORKSHOP

Thomas Löfgren

# Nordische Scheiden

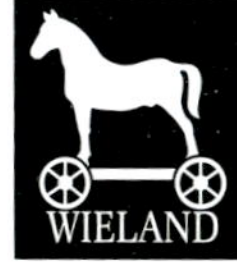

Thomas Löfgren

# Nordische Scheiden

Schritt für Schritt: Von der Skizze zur fertigen Leder-Köcherscheide

1. Auflage, 2010



ISBN 978-3-938711-45-3

Originaltitel: Making a Sheath for a Nordic Style Knife
Übersetzung aus dem Englischen: Oliver Lang


Wieland Verlag GmbH, Rosenheimer Straße 22, D-83043 Bad Aibling
Telefon 08061/38998-0, Fax 08061/38998-20
Internet: www.wieland-verlag.com
E-Mail: info@wieland-verlag.com

Fotos: Thomas Löfgren
Mithilfe bei Fotoproduktion: Morgan Axelsson und Claes Löfgren

Umschlaggestaltung und Layout: Caroline Wydeau

Druck: Graspo CZ

Printed in EU

# INHALT

# EIN PAAR SÄTZE VORAB

Zu einem feststehenden Messer gehört eine Scheide. Die kann man fertig kaufen, man kann sie sich anfertigen lassen, oder man kann sie selbst machen. Letzteres ist die größere Herausforderung, aber es macht auch sicher am meisten Spaß. Die Mühe wird belohnt durch den ganz besonderen Besitzerstolz, den man nur kennt, wenn man einmal einen Gebrauchsgegenstand selbst hergestellt hat.

Unter den vielen verschiedenen Typen von Lederscheiden hat die skandinavische Art eine Sonderstellung. Sie ist ähnlich eigenständig wie die Messer aus dem Hohen Norden, die ebenfalls einen unverwechselbaren Stil haben. Typisch ist die hohe Köcherscheiden-Bauform, die den Messergriff fasst vollständig umschließt. Das hat zwei Vorteile: Zum einen ist das Messer optimal geschützt, zum anderen sitzt es ohne zusätzliche Sicherungsriemen sicher und verlässlich in der Scheide – wenn man sie richtig angepasst hat.

Dieser Band unserer Workshop-Serie beschäftigt sich ausschließlich mit diesem Scheidentyp. Der Autor ist ein ausgewiesener Experte für dieses Thema: Thomas Löfgren ist einer der besten und bekanntesten Messermacher in Schweden. Er stellt hier seine persönliche Art des Scheidenbaus anhand eines typischen Beispiels vor. Es sind viele Variationen des Grundthemas denkbar. Das bleibt der Kreativität des einzelnen Handwerkers vorbehalten. Man kann sicher auch das eine oder andere Details handwerklich anders lösen. Doch wer sich an die Vorlage von Thomas Löfgren hält, geht auf jeden Fall auf Nummer sicher.

Mit der MESSER MAGAZIN Workshop-Reihe wollen wir Ihnen Hilfestellung in allen technischen Fragen geben und Ihnen so manchen Fehler ersparen. Diese Buchreihe stellt eine Vielzahl von Themen rund ums Messermachen dar – so aufbereitet, dass Sie jeden einzelnen Schritt nachvollziehen und auch nachmachen können. Dabei haben wir besonders auf die Praxis- und Werkstatttauglichkeit der Bände Wert gelegt.

Deshalb sind alle Bände der Reihe mit einer Spiralbindung versehen. Auf diese Weise bleibt das Buch aufgeschlagen so liegen, wie Sie es hinlegen. Außerdem haben wir bei der Größe der Bilder und Schriften darauf geachtet, dass Sie noch alles lesen und erkennen können, wenn Sie arbeiten und das Buch neben sich liegen haben.

Wir haben versucht, jeden Arbeitsschritt so verständlich wie möglich darzustellen. Trotzdem sollten Sie, bevor Sie zum Werkzeug greifen, die Beschreibungen in diesem Buch vollständig durchlesen. Dann wissen Sie, was auf Sie zukommt, und erleben nicht mitten in der Arbeit unangenehme Überraschungen.

Ich wünsche Ihnen viel Freude und gutes Gelingen bei der Arbeit!

*Hans Joachim Wieland*
*Chefredakteur MESSER MAGAZIN*

# 1. Einführung

Skandinavische Messer besitzen typischerweise kein Parierelement. Für diesen Messertyp kann man relativ einfach eine passgenaue und farblich abgestimmte Köcherscheide aus Leder anfertigen. Man schneidert dem Messer die Scheide sozusagen direkt auf den Leib. Wählt man dann noch einen passenden Lederfarbton aus, verschmelzen Messer und Scheide zu einer Einheit.

Zwei Arten von Leder bieten sich zum Scheidenbau an: Walkleder (auch halbgegerbtes Orthopädieleder genannt) und Brandsohlleder. Walkleder wird in der Ledermittelschicht bewusst nicht gegerbt. Es ist sehr zäh und bestens geeignet zum Nassformen. Durch Polieren der Oberfläche bekommt Walkleder einen schönen Glanz. Auch fürs „Pauten“, das Modellieren der Oberfläche mit dem Poliereisen, bietet sich diese Lederart an. Walkleder schrumpft beim Trocknen allerdings stärker als Brandsohlleder, das ebenfalls zum Scheidenbau geeignet ist. Dessen Stärke beträgt zwischen 2,2 und 2,4 Millimeter. Brandsohlleder wird komplett durchgegerbt, ist aber trotzdem stark und in nassem Zustand gut formbar. Zudem ist Brandsohlleder einfacher zu schneiden und zu verarbeiten als Walkleder.

Die folgende Bilderserie zeigt Schritt für Schritt, wie man eine Lederscheide für ein nordisches Messer fertigt, von der Auswahl der benötigten Werkzeuge bis zum Finish. Es gibt wahrscheinlich so viele unterschiedliche Möglichkeiten, eine Messerscheide zu bauen, wie es Messermacher gibt. Das hier ist meine. Sehen sie diesen „Schritt für Schritt“-Workshop als das an, was er ist: nur ein Beispiel. Andere Messermacher haben bestimmt noch den einen oder anderen Kniff drauf. Seien Sie offen für Neues, und probieren Sie andere Methoden aus. Was für Sie nicht funktioniert, lassen Sie einfach sein. Und was sich als gut herausstellt, behalten Sie bei.

Tausend Wege führen zum Ziel – manche sind nur etwas umständlicher.

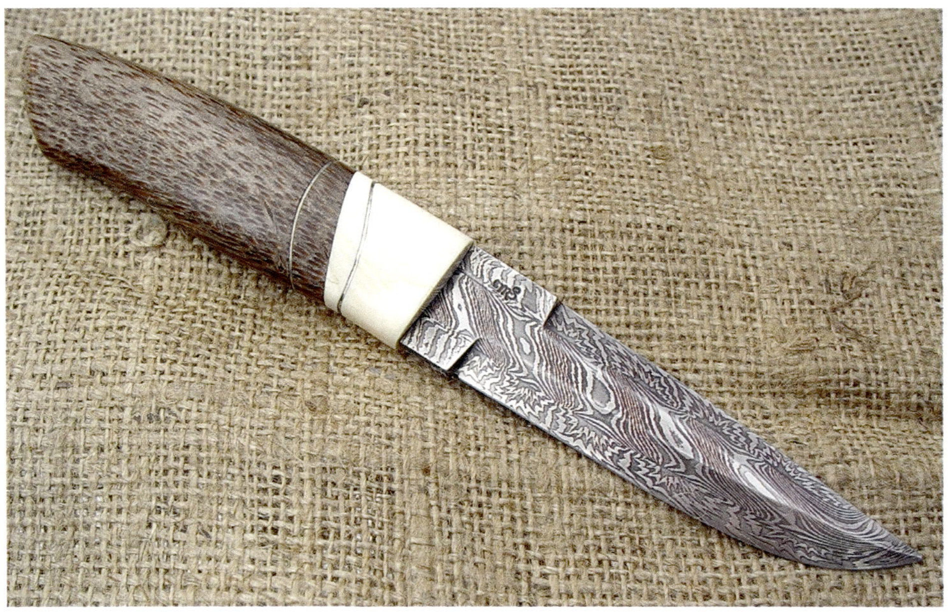

Das Messer, das uns als Vorlage für den Scheidenbau dient, ist mit einer von Mattias Styrefors geschmiedeten Damast-Klinge und einem Griff aus Mammutelfenbein und stabilisiertem Palmholz ausgestattet.

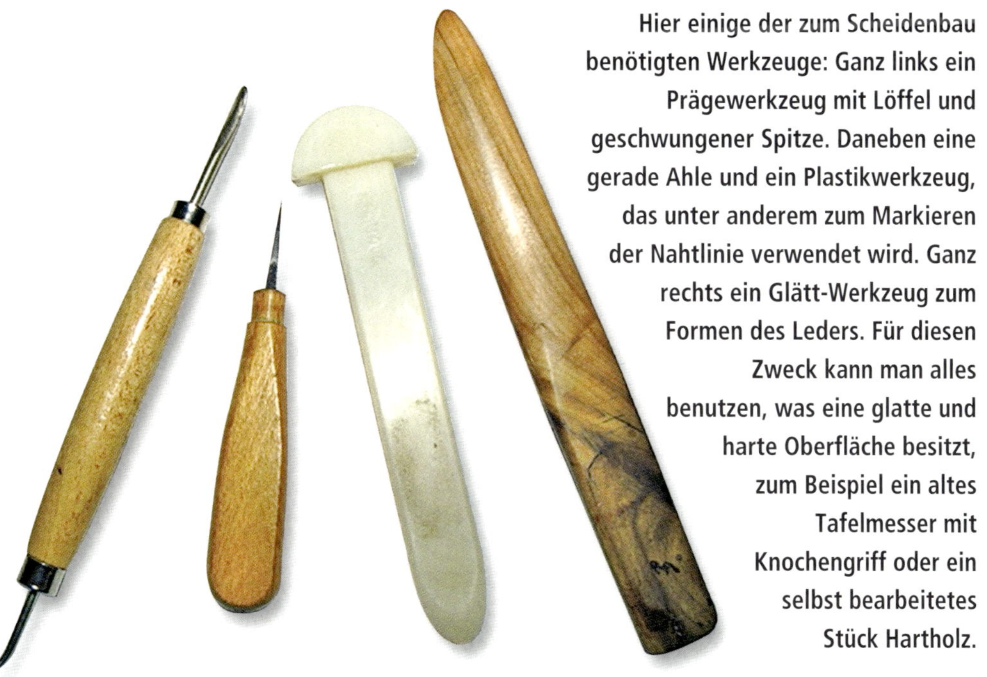

Hier einige der zum Scheidenbau benötigten Werkzeuge: Ganz links ein Prägewerkzeug mit Löffel und geschwungener Spitze. Daneben eine gerade Ahle und ein Plastikwerkzeug, das unter anderem zum Markieren der Nahtlinie verwendet wird. Ganz rechts ein Glätt-Werkzeug zum Formen des Leders. Für diesen Zweck kann man alles benutzen, was eine glatte und harte Oberfläche besitzt, zum Beispiel ein altes Tafelmesser mit Knochengriff oder ein selbst bearbeitetes Stück Hartholz.

# 2. Vorbereitungen

Unser Ziel ist es, eine Scheide anzufertigen, die sich der Formgebung des Messers anpasst. Gelingt uns das, haben wir nicht nur eine Scheide für ein Messer gefertigt. Vielmehr werden wir *die* Scheide für *unser* Messer machen. Damit das Ergebnis stimmt, ist es besonders wichtig, einen gleichmäßigen, nahezu unsichtbaren Übergang zwischen Klinge und Griff zu schaffen. Als Rechtshänder trägt man nordische Messer normalerweise an der linken Hüfte. Die Schneide zeigt dabei nach vorn, die rechte Seite des Messers (von oben betrachtet, wenn die Klinge vom Körper weg zeigt) nach außen. Diese rechte Seite wird im Folgenden „obere Seite" genannt. Normalerweise befindet sich auf dieser Seite die Kennzeichnung des Herstellers. Das ist eine skandinavische Besonderheit, denn in der Regel sind Messerklingen links gekennzeichnet.

Den gleichmäßigen Übergang zwischen dem Griff und der flachen Klinge baut man auf der „oberen Seite" auf. Auf der Rückseite ist es dagegen wichtig, eine Stufe einzubauen. Dort, wo das linke vordere Griffende einrastet, wenn man das Messer in die Scheide steckt, arbeitet man einen Anschlag ins Leder ein. Dabei muss man besonders sorgsam vorgehen, um nicht beim Versorgen (In-die-Scheide-stecken) des Messers ins Leder zu schneiden.

In der Anleitung wird Schritt für Schritt in Bild und Text beschrieben, was genau zu tun ist.

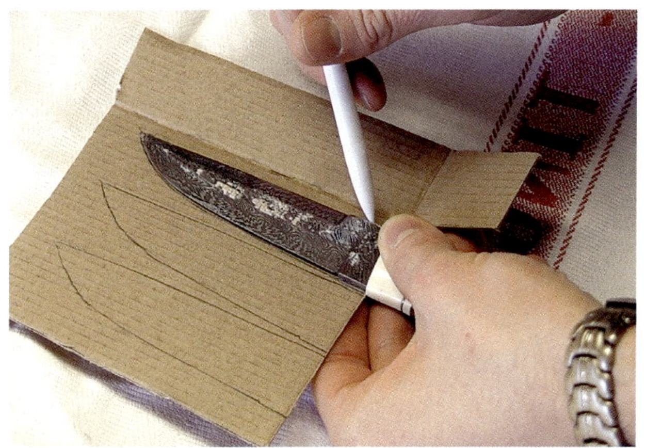

**Zu Beginn wird der Umriss der Klinge auf kräftiges Papier, Kunststoff oder Pappe übertragen. Danach schneidet man den Klingenumriss drei Mal aus. Zwei der Umrisse werden auf der oberen (=rechten) Seite der Klinge befestigt, der andere auf der Rückseite.**

**Schneiden Sie die aufgezeichneten Umrisse mit einer Schere aus.**

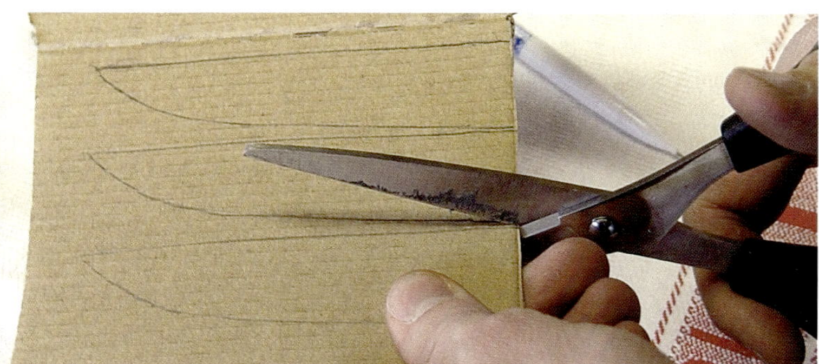

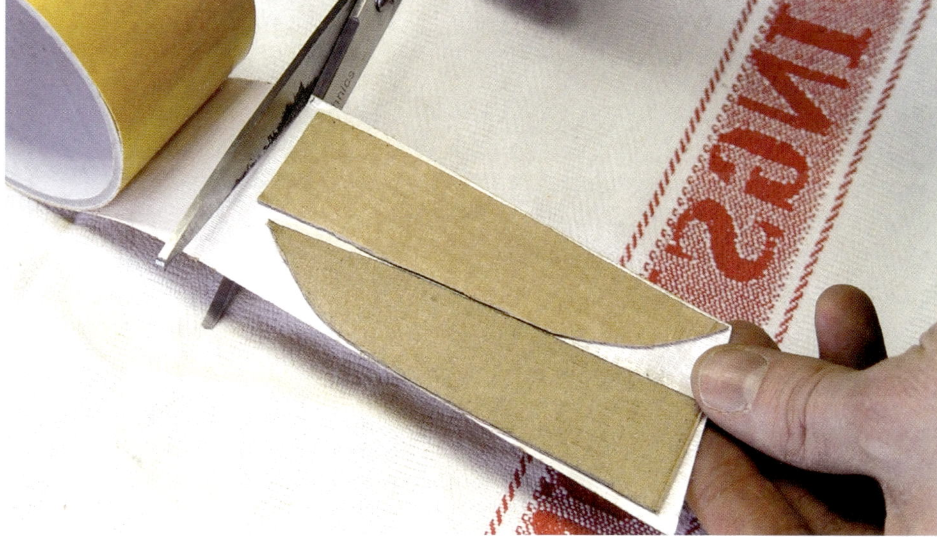

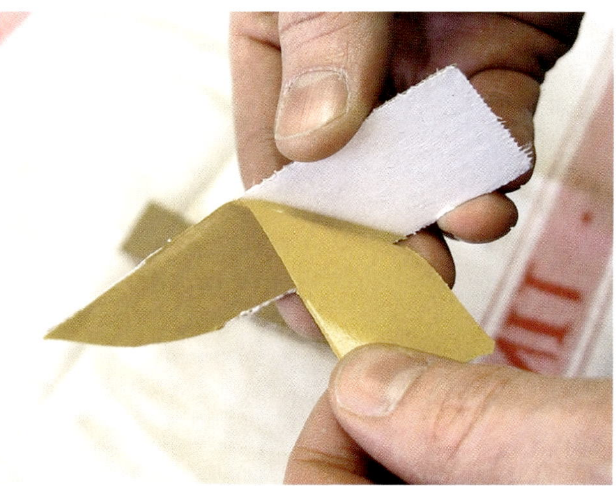

**Legen Sie die Schablone auf beidseitiges Klebeband (Teppichklebeband) guter Qualität. Billiges Klebeband lässt sich häufig nicht so sauber schneiden. Schneiden Sie die Klingenform aus.**

**Ziehen Sie die Schutzfolie ab.**

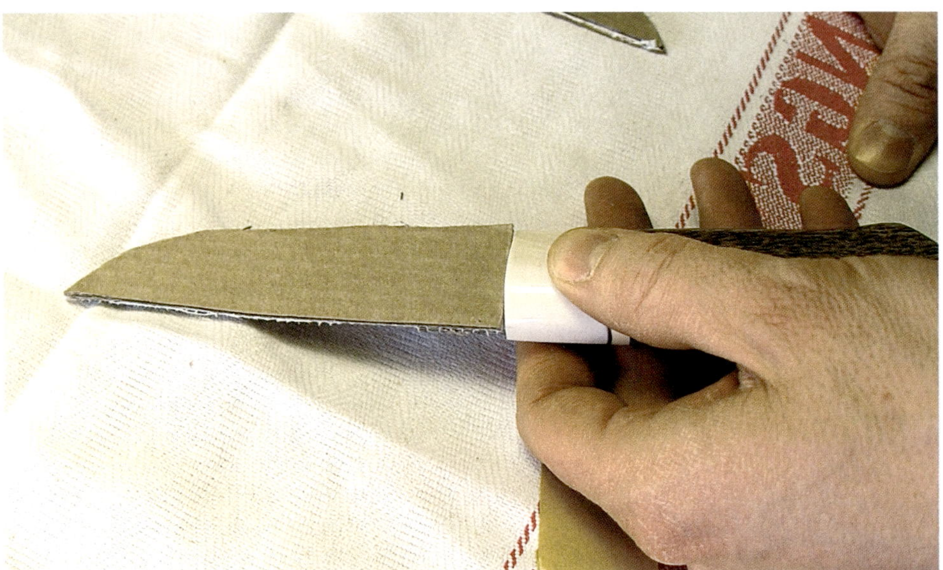

**Kleben Sie die Schablone auf die Klingenoberseite und -unterseite. Achten Sie darauf, dass weder Teile der Schneide noch die Spitze über die Schablone hinaus stehen. Denn sonst besteht die Gefahr, dass man beim Anpassen der Scheide ins Leder schneidet.**

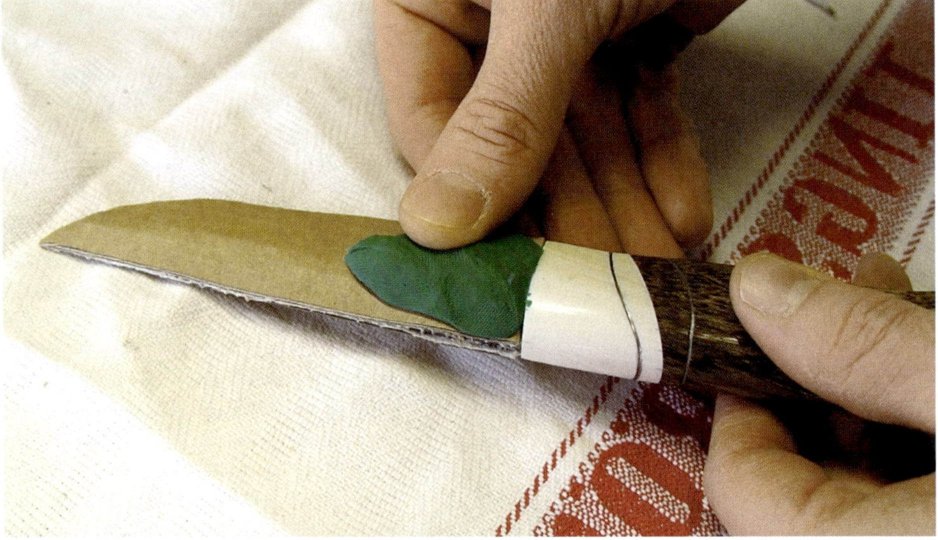

**Um später einen sanften Übergang zwischen Klinge und Griff zu bekommen, formen wir mit Modellierknete eine Art Rampe, die ausgehend vom Übergang zwischen Griff und Klinge in einer abfallenden Schräge bis zur Klingenspitze verläuft. Dabei vorsichtig vorgehen, um keine Vertiefungen in die Knetoberfläche zu drücken!**

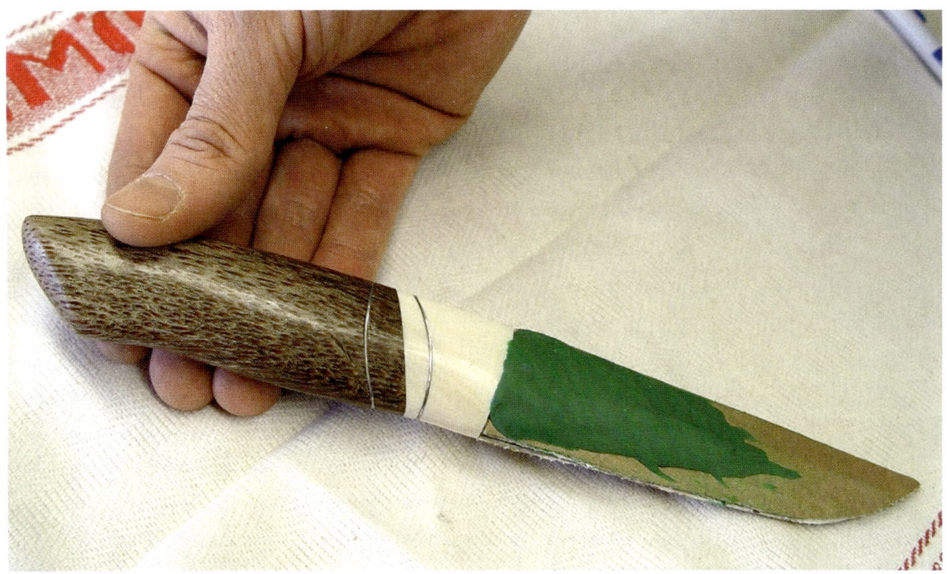

Das Endresultat sollte wie auf dem Foto aussehen. Hat man alles richtig gemacht, lässt sich später auf der Scheidenoberseite keine Stufe erkennen. Natürlich kann man auch bewusst eine Stufe stehen lassen. In diesem Fall fällt der Anpassungsvorgang mit der Modellierknete weg. Auch die zweite Schablonenschicht auf der Klingenoberseite kann man dann weglassen.

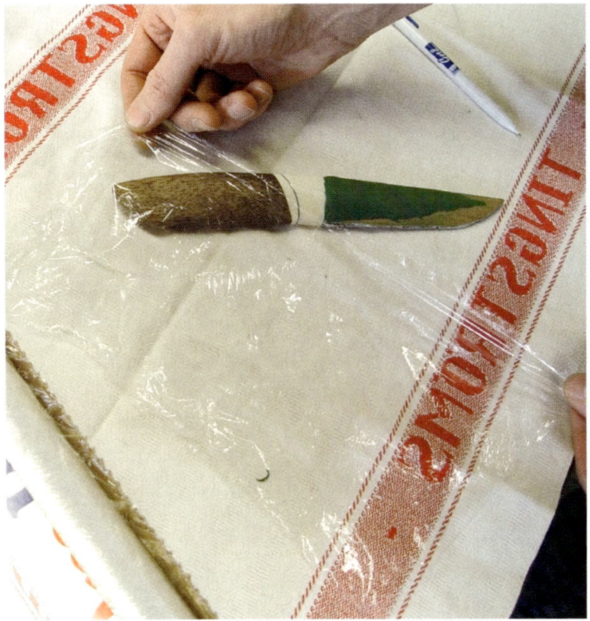

Um etwas Platz für das Messer in der Scheide zu schaffen, wird das ganze Messer mit Frischhaltefolie umwickelt. Diese Umwicklung hilft dabei, das Messer später wieder aus der getrockneten und zusammengeschrumpften Lederscheide herauszubekommen. Zusätzlich schützt die Umwicklung das Messer vor der Feuchtigkeit in der Scheide, in der das Messer während des gesamten Trocknungsprozesses bleiben muss.

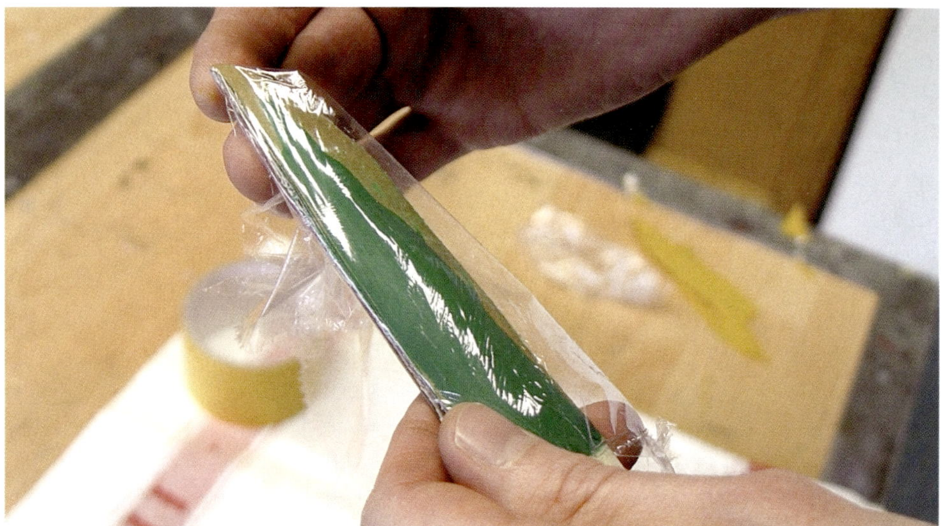

**Reißen Sie ein Stück Frischhaltefolie ab und umwickeln Sie die Klinge damit. Etwas Folie sollte über die Klingenspitze herausstehen. Schlagen Sie die überstehende Folie während jeder Wicklung über die Spitze ein, um diese zu schützen. Wickeln Sie das Messer diagonal (wie in der nächsten Aufnahme ersichtlich) ein.**

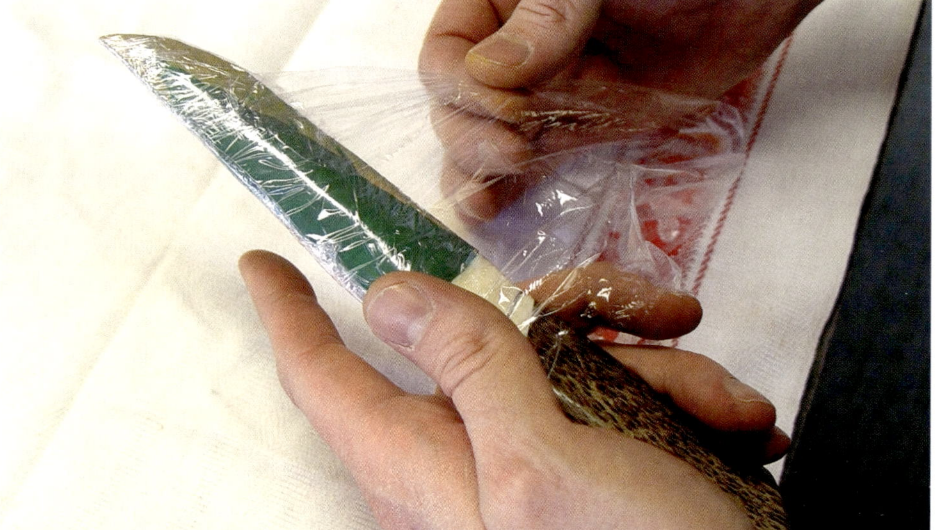

**Gehen Sie dabei gefühlvoll vor, um den Übergang aus Modellierknete zwischen Klinge und Griff nicht einzudrücken. Gleichzeitig muss die Folie eng anliegen, da das Messer während des Scheidenbaus mehrere Male aus der Scheide genommen wird. Insgesamt sollte das Messer mit drei bis fünf Schichten Frischhaltefolie umwickelt werden.**

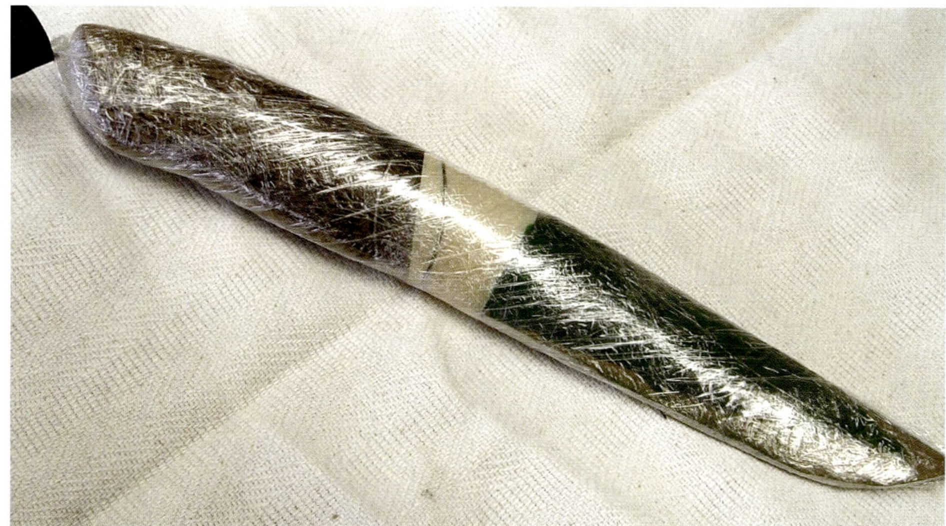

**Ist das Messer fertig umwickelt, sollte das Ganze so aussehen. Die überstehende Folie wird mit einem Streifen Klebeband fixiert. Diese Sicherung kann man schon nach der ersten, zweiten oder dritten Schicht anbringen, sollte sich die zusammengerollte Folie wieder aufdröseln. Kleinere Falten in der Wicklung verformen die Lederoberfläche nicht, stärkere Knitterfalten sollten jedoch vermieden werden.**

## 3. Anfertigung eines Schnittmusters

Bevor das Leder für die Scheide ausgeschnitten wird, stellen wir zunächst ein entsprechendes Schnittmuster aus Papier her.

**Um die Form und die Größe der Scheide zu bestimmen, fertigt man ein Schnittmuster aus Papier an. Zunächst faltet man ein Blatt Schreibmaschinenpapier in der Mitte. Den Falz festigt und glättet man mit Hilfe des Fingernagels.**

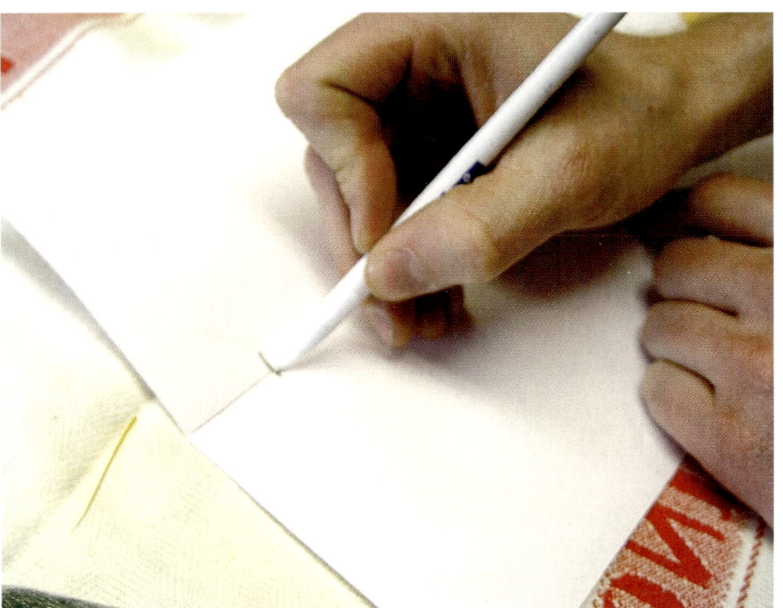

**Markieren Sie auf der Innenseite des Falzes die Stelle, an der sich die Spitze des Messer befinden wird.**

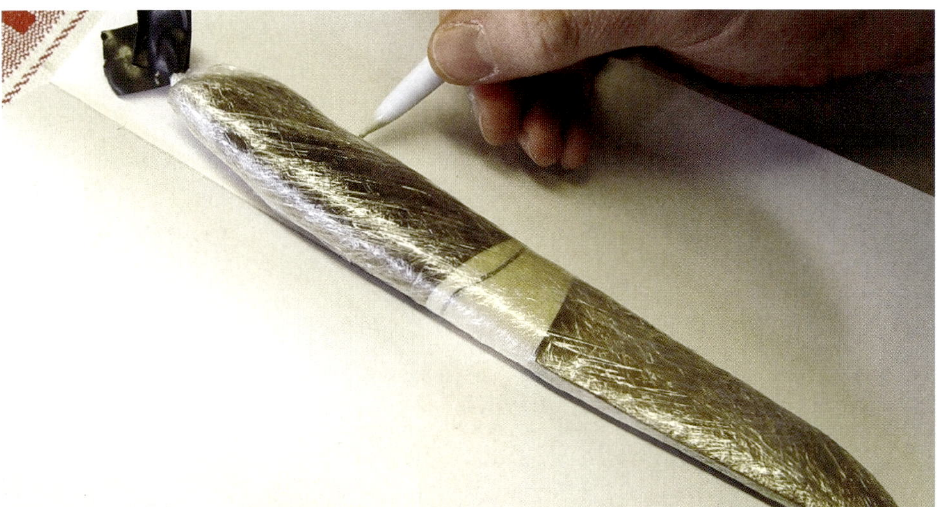

**Das Messer wird mit der Spitze am Markierungspunkt auf den Falz gelegt. Legen Sie nun fest, wie hoch die Rückseite der Scheide reichen soll. Markieren Sie das Papier an der Stelle, bis zu der die Scheidenoberkante reichen soll. Soll das Leder auf der Vorderseite der Scheide höher abschließen als auf der Rückseite, muss das Schnittmuster bis über die Markierung hinaus gehen. Normalerweise schneidet man das Schnittmuster so zu, dass es über diese Markierung hinaus reicht, da der obere Teil der Scheide erst später geschnitten und geformt wird.**

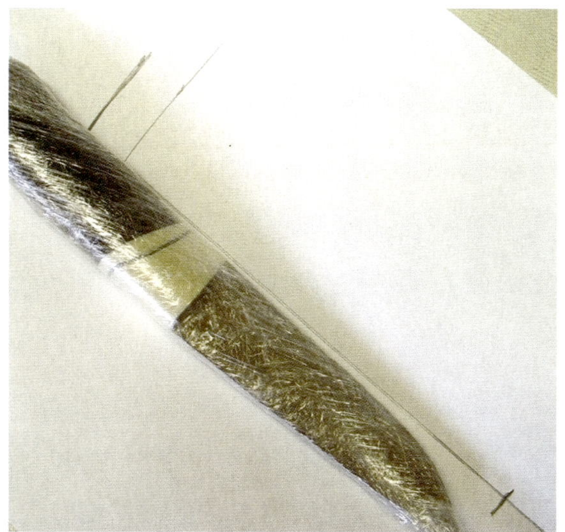

Zwei Abschlussmarkierungen werden auf das Papier gezeichnet. Die untere markiert die Stelle, an der die Naht endet. Sie liegt etwa fünf bis zehn Millimeter unterhalb der Markierung für die Stelle, bis zu der die Scheidenrückseite reicht. Das Leder oberhalb der Naht wird später übereinanderlappend zusammengefügt. Das dient als flexibler Verschluss, der auseinander gedrückt wird, wenn man das Messer in die Scheide steckt.

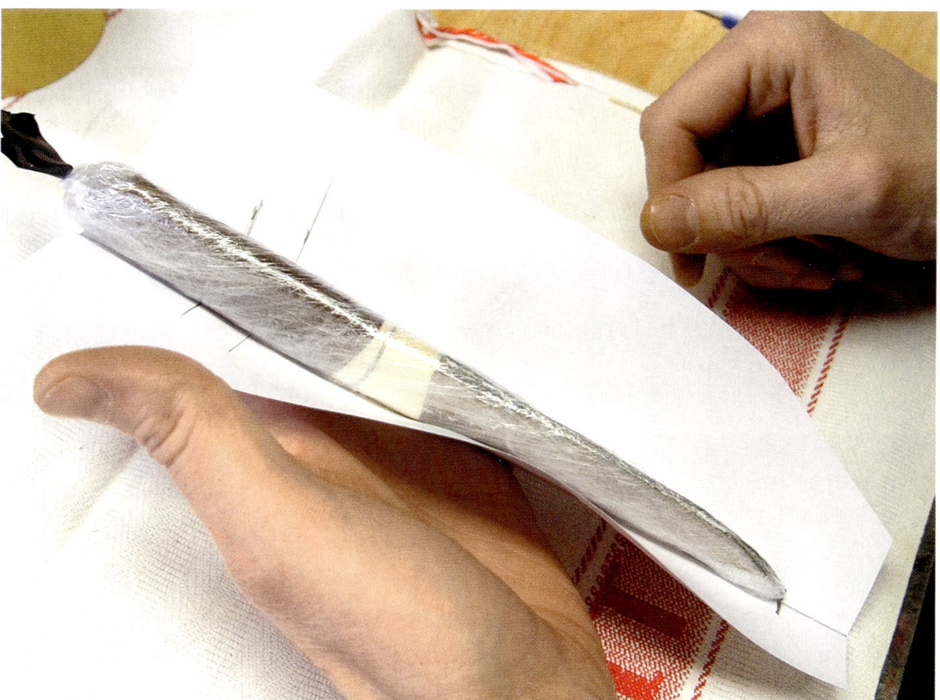

Legen Sie das Messer mit dem Rücken auf den Falz, die Spitze liegt auf Höhe der unteren Markierung. Das Papier wird nun um das Messer gewickelt. Der Falz sollte dabei genau auf der Mittellinie von Klingenrücken und Griff liegen. Das ist besonders wichtig, da es sonst Probleme beim Erstellen des Schnittmusters gibt.

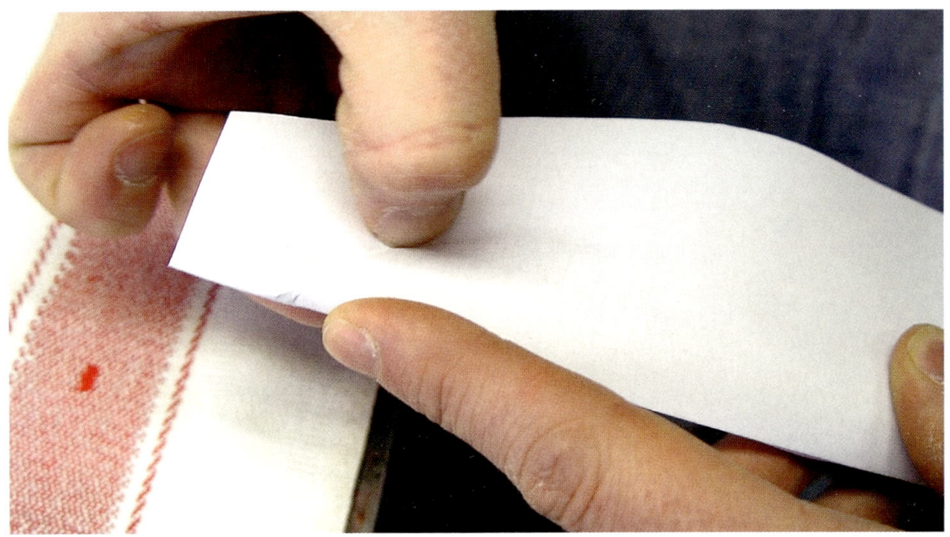

**Drehen Sie das Blatt auf die Seite, so dass der Falz und der Messerrücken nach links zeigen. Mit dem Fingernagel wird nun der Umriss des Messers (Klinge und Griff) vorsichtig in das Papier gedrückt.**

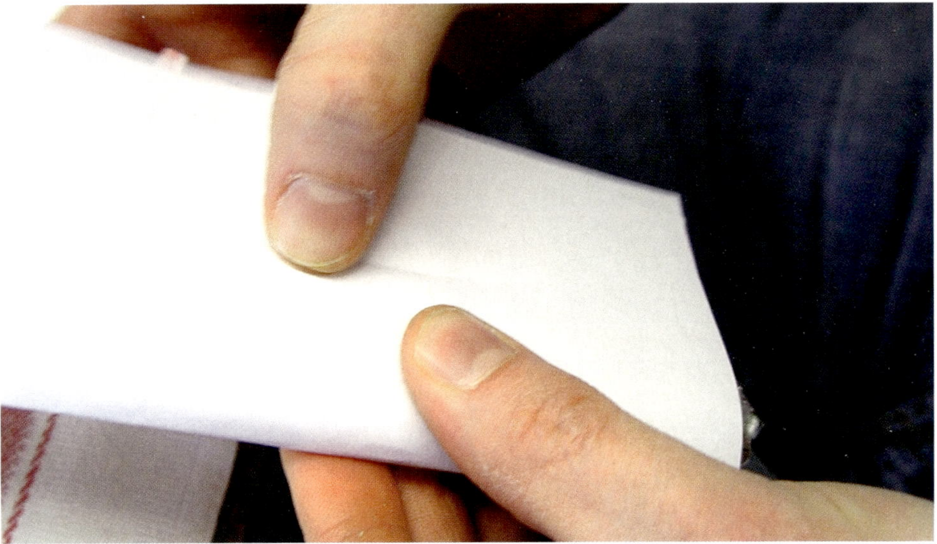

**Beim Markieren des Umrisses mit dem Fingernagel muss man unbedingt darauf achten, dass das Papier glatt und bündig auf dem Messer aufliegt. Vor allem bei geschwungenen Griffen muss man besonders achtsam vorgehen. Wenn die Papierschablone den Umriss des Messers nicht exakt wiedergibt, wird die Scheide zu weit, und das Messer hat keinen Halt darin.**

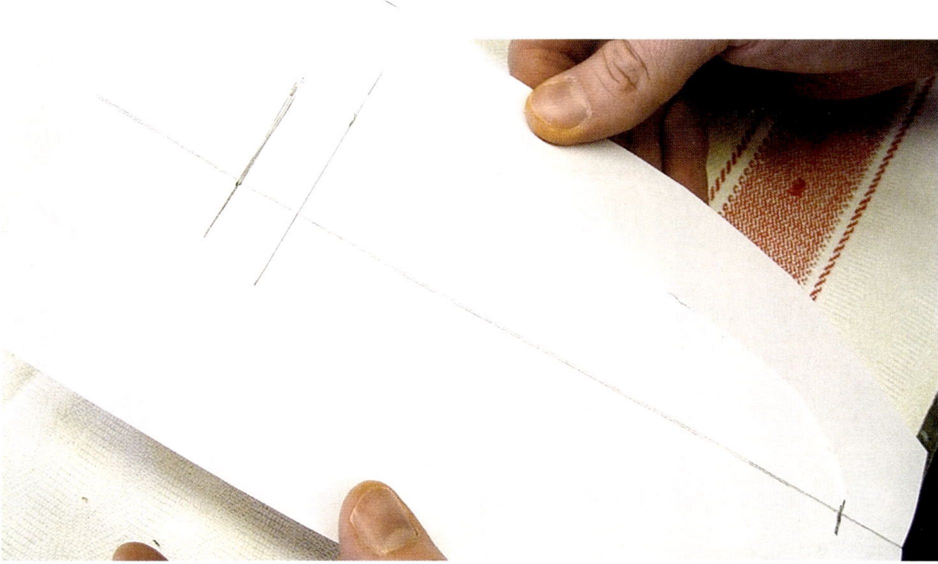

**Nach Beendigung des Markiervorgangs wird das Papier aufgeklappt und auf den Tisch gelegt.**

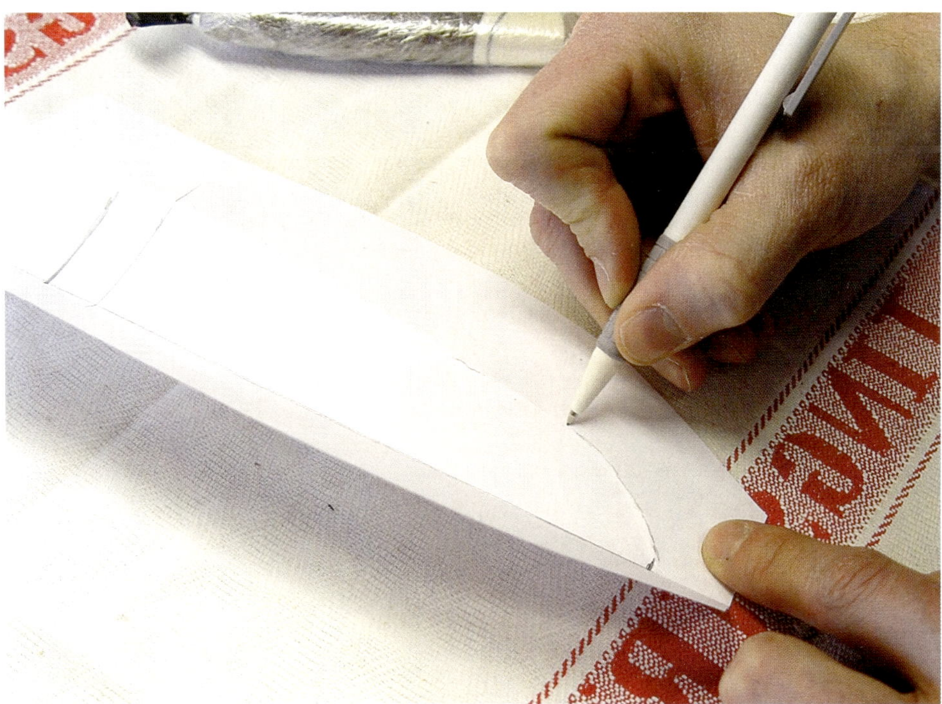

**Fahren Sie die Umrissprägung mit einem Bleistift nach und verstärken Sie sie. Es reicht, wenn Sie das auf der rechten Seite des Blatts tun.**

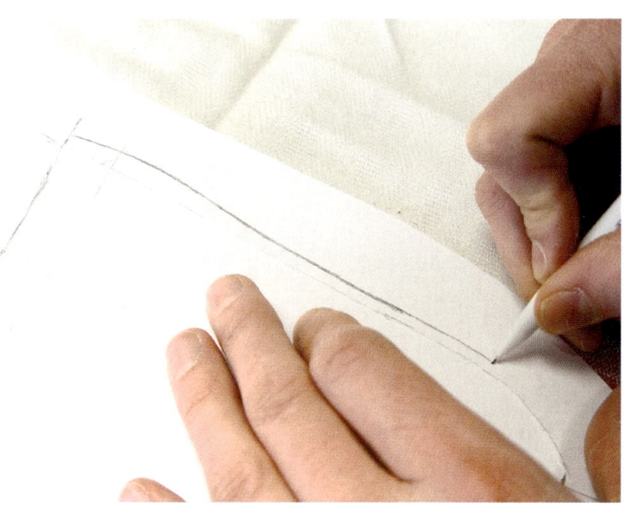

Zeichnen Sie nun parallel zur Prägelinie eine zweite Linie. Der Abstand ergibt sich aus der Art des Scheidenleders und dessen Stärke. Wenn Sie 2,0 bis 2,3 Millimeter starkes Brandsohlleder benutzen, sollte der Abstand zur Prägelinie zwischen 3,5 und 4,0 Millimeter betragen. Bei 2,0 bis 2,3 Millimeter starkem halbgegerbtem Walkleder liegt der Abstand bei 5,0 bis 5,5 Millimetern. Diese Extra-Zugabe verschafft dem Messer genügend Platz in der Scheide. Am unteren Ende des Papierschnittmusters, unterhalb der Klingenspitzenmarkierung, muss sogar sechs bis zehn Millimeter Abstand eingehalten werden. So kann die Spitze der Scheide geformt werden.

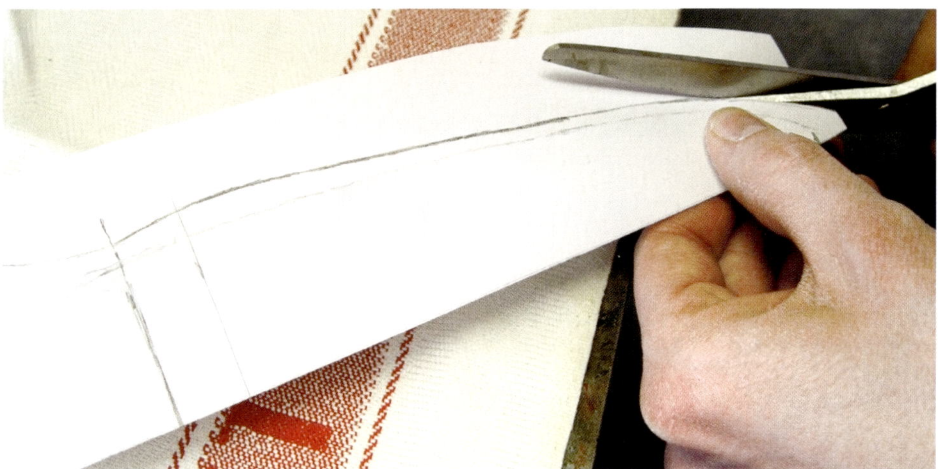

Wie man am Papiermodell sehen kann, lässt sich eine Zugabe einarbeiten, um Platz für den Riemen zur Gürtelschlaufe zu berücksichtigen. Zirka einen Zentimeter vom oberen Rand der Scheide wird die Kontur nach außen erweitert, einige Zentimeter weiter unten knickt sie nach innen ab. Wie im Foto zu sehen, ist die Linie nach oben und außen erweitert. Falten Sie die Schablone zusammen, und schneiden Sie das Papier entlang der Markierung aus. Die beiden Seiten der Schablone müssen genau aufeinander liegen, sonst wird das Schnittmuster nicht symmetrisch.

# 4. Übertragen des Schnittmusters

Jetzt geht es an die Auswahl eines geeigneten Stücks Leder. Falten Sie das Leder zunächst in eine Richtung, drehen Sie es um 90 Grad und versuchen Sie es nochmal. Man kann deutlich spüren, dass sich das Leder in eine der Richtungen leichter biegen lässt. In dieser geschmeidigeren Richtung sollte das Leder um das Messer liegen. Legen Sie das Schnittmuster auf eine ausgesuchte Lederstelle, die keine Kratzer oder Fehler aufweist. Denn diese Makel würde man auch an der fertigen Scheide sehen. Bei der Auswahl von Walkleder sollte man darauf achten, dass die dünne Schicht des Rohleders aus dem Bereich nahe der Fleischseite des Leders stammt.

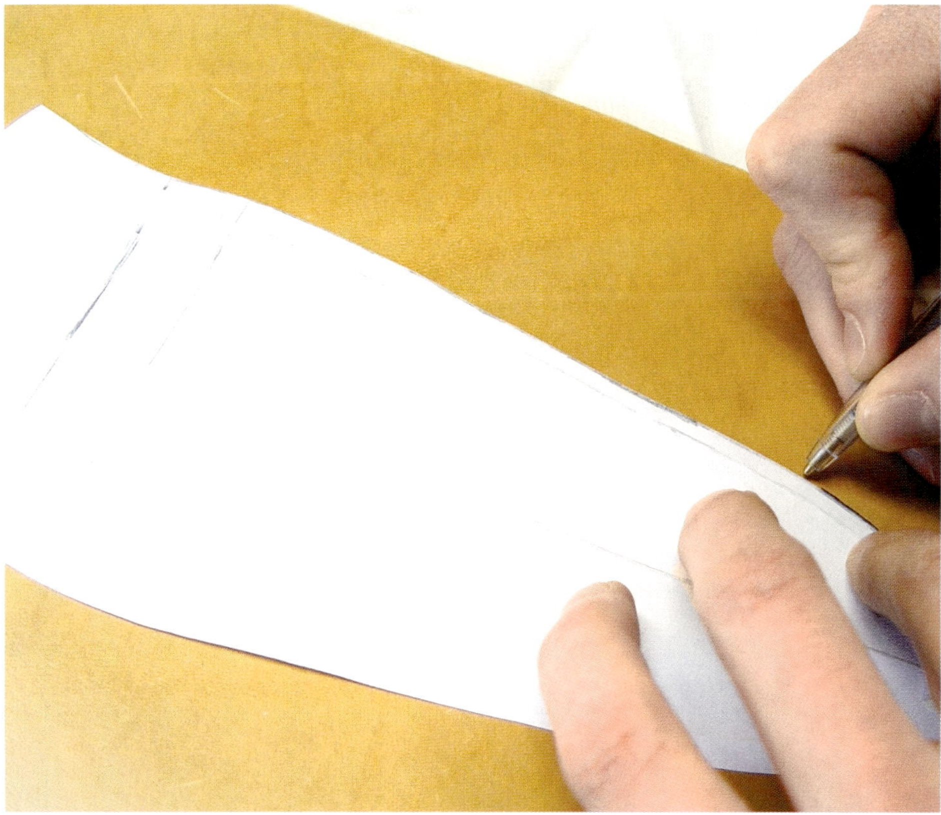

**Das ausgewählte Stück Leder wird mit der Fleischseite nach unten auf den Tisch gelegt. Damit das Schnittmuster nicht verrutscht, wird es mit den Fingern fixiert. Dann überträgt man den Umriss mit Hilfe eines Bleistifts oder anderen Stifts auf das Leder.**

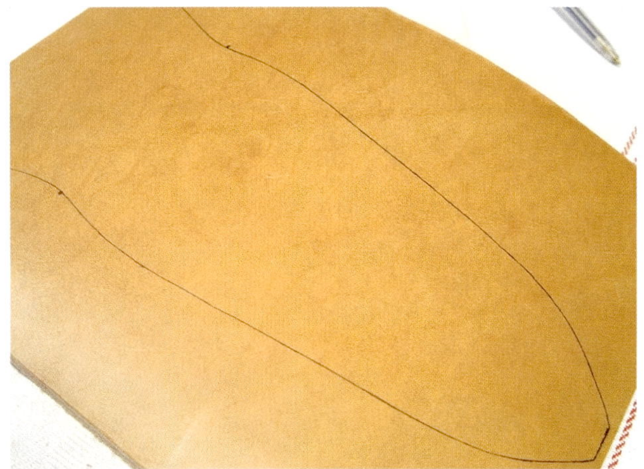

Nach dem Übertragen des Umrisses sieht das Lederstück so aus. Jetzt wird es auf eine Schneidunterlage gelegt. Um das Leder sauber zurecht zu schneiden, benötigt man ein Messer mit einer sehr scharfen Klinge. Wir empfehlen ein stabiles Teppichmesser oder ein spezielles Ledermesser.

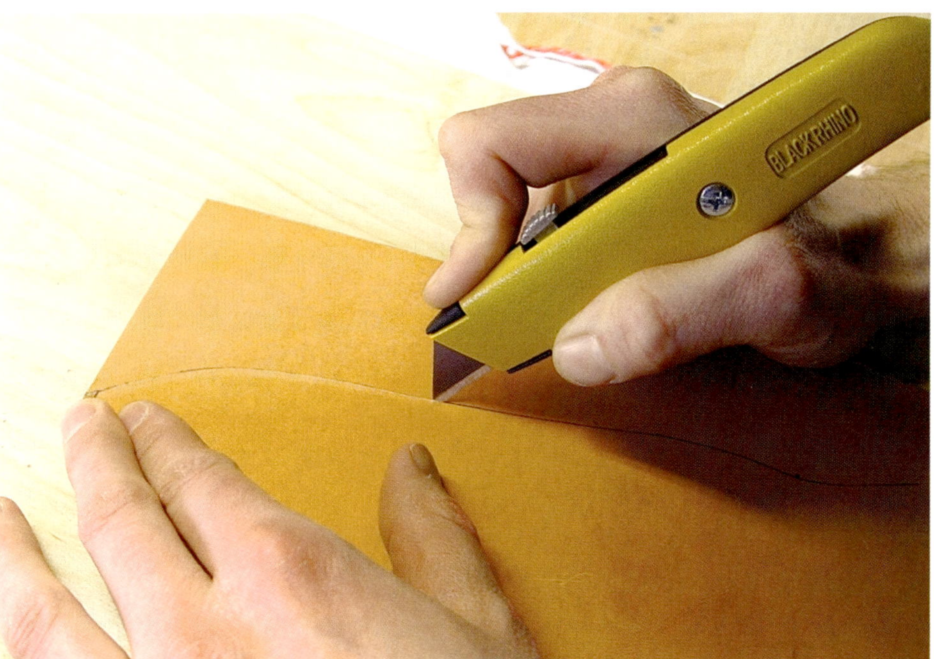


Beim Schneiden des Leders sollte das Messer (sofern Sie mit der rechten Hand schneiden) um zirka 30 bis 45 Grad nach rechts gekippt werden. Das führt dazu, dass die Schnittkante schräg nach innen und unten zur Fleischseite führt. Es empfiehlt sich nicht, eine rechtwinklige Kante zu schneiden. Es ist wichtig, das Leder in seiner gesamten Stärke kontrolliert zu schneiden. Beim Gebrauch von Schaftleder lässt sich der Umriss in einem Zug ausschneiden, besonders bei starkem oder hartem Leder kann es nötig sein, dass Sie mehrmals mit dem Messer entlang fahren müssen. Schneiden Sie beide Seiten aus.

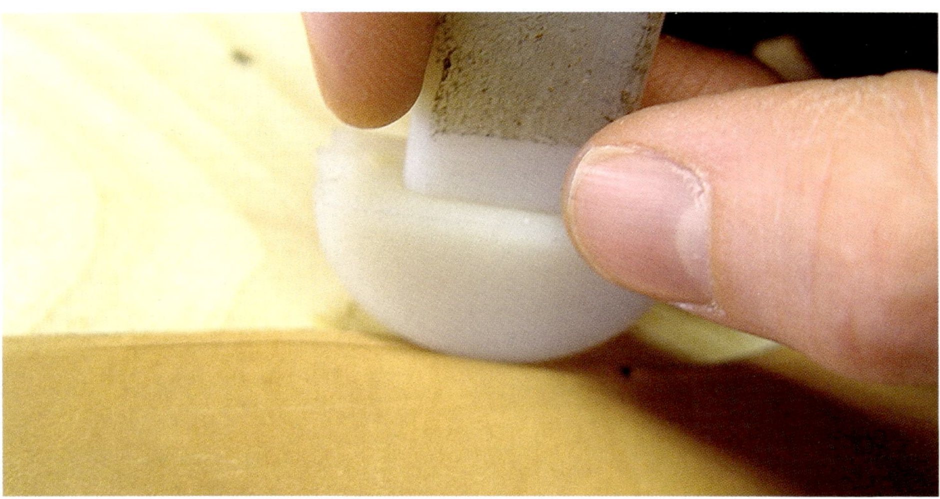

Vor dem Nähen muss zunächst der Verlauf der Naht bestimmt und markiert werden. Dazu kann man das zuvor gezeigte Plastikwerkzeug benutzen (wie im Bild), oder einen Kantenzieher aus dem Lederbedarf. Am Werkzeugkopf befinden sich zwei Kanten – die zwei Millimeter breite Kante ist für unser Vorhaben geeignet. Auf der rechten Seite wird begonnen. Nehmen Sie den Griff wie gezeigt in die Hand und pressen Sie das Werkzeug nach unten, während sie es gleichzeitig entlang der Lederkante führen. Die Markierung der Naht muss überall den gleichen Abstand zur Lederkante haben.

Das untere Ende der Scheide kann man begradigen. Falls sie spitz zuläuft, kann man die Spitze mit einem 6-Millimeter-Locheisen entfernen. Markieren Sie nun die letzten beiden Nahtlöcher, die so weit unten wie möglich liegen sollten. Achten Sie unbedingt darauf, dass sie auf einer Höhe liegen. Das ist wichtig, denn sonst enden auch die restlichen Nahtlöcher nicht auf einer Höhe, was zu Problemen beim Vernähen führen kann.

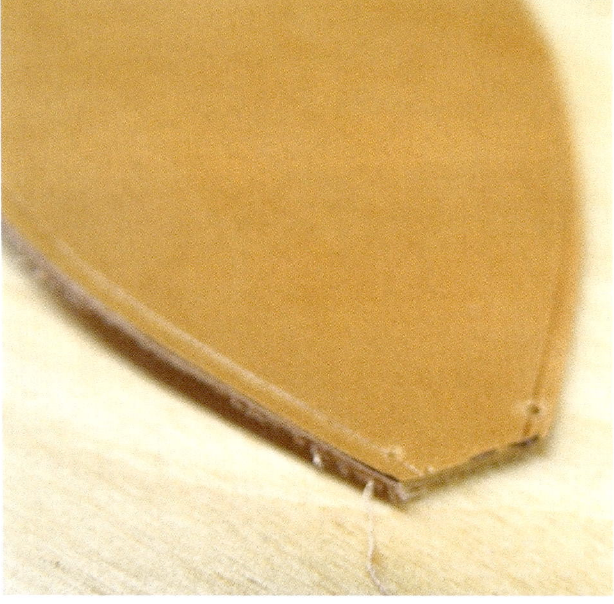

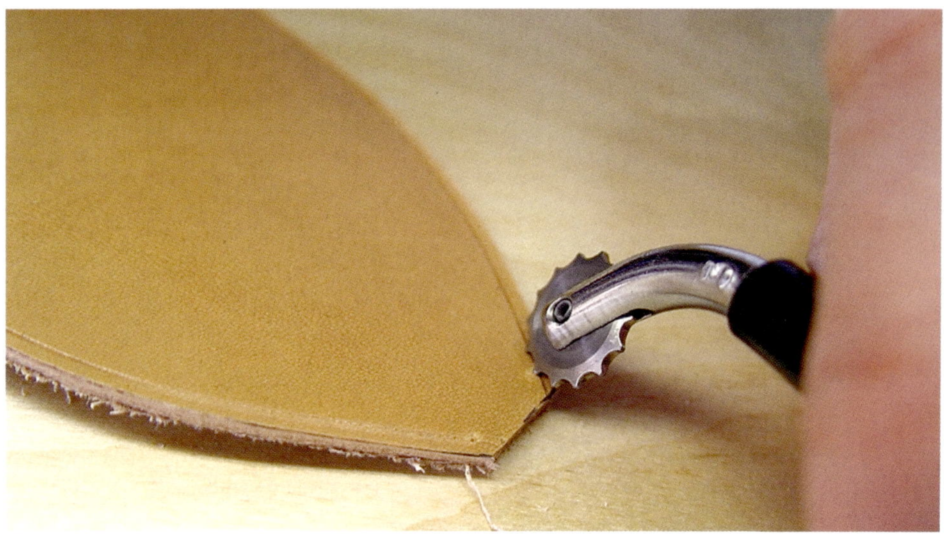

**Jetzt werden die Löcher mit einem Nahtabstandsmarkierer eingeprägt. Für diese Art von Scheide nimmt man ein Markierrad (Prickrad), das die Löcher in drei Millimeter Abstand setzt. Setzen Sie eine der Markierradspitzen in das rechte Abschlussloch und führen Sie das Prickrad kontrolliert entlang der zuvor markierten Nahtlinie nach oben. Kippt man das Werkzeug leicht nach außen, sieht man die Linienmarkierung besser und kann ihr genau folgen. Das ist wichtig, denn eine schöne und gerade Naht hängt nicht zuletzt davon ab, dass die Nahtlöcher alle den gleichen Abstand zur Kante haben.**

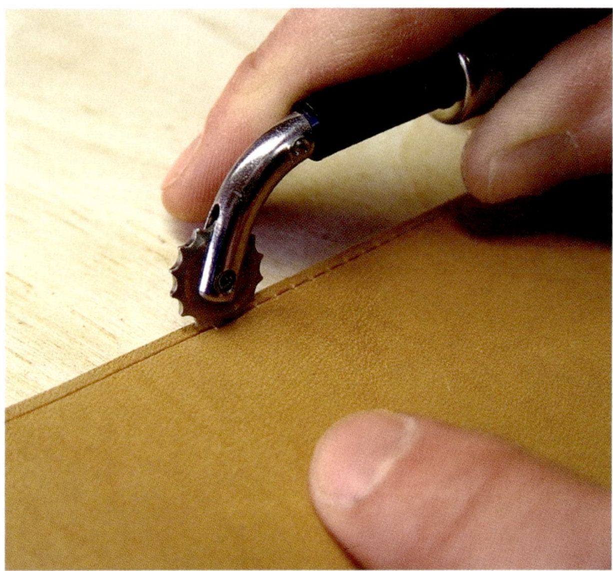

**Fahren Sie die Nahtlinie bis zur unteren der beiden Scheidenendmarkierungen nach, die sie vom Papiermodell aufs Leder übertragen haben. Markieren Sie nun die Nahtlöcher auf der linken Seite der Scheide. Zählen Sie die Löcher ab, um auf beiden Seiten exakt die selbe Anzahl an Nahtlöchern zu erhalten. Das letzte obere Nahtloch wird besonders deutlich markiert.**

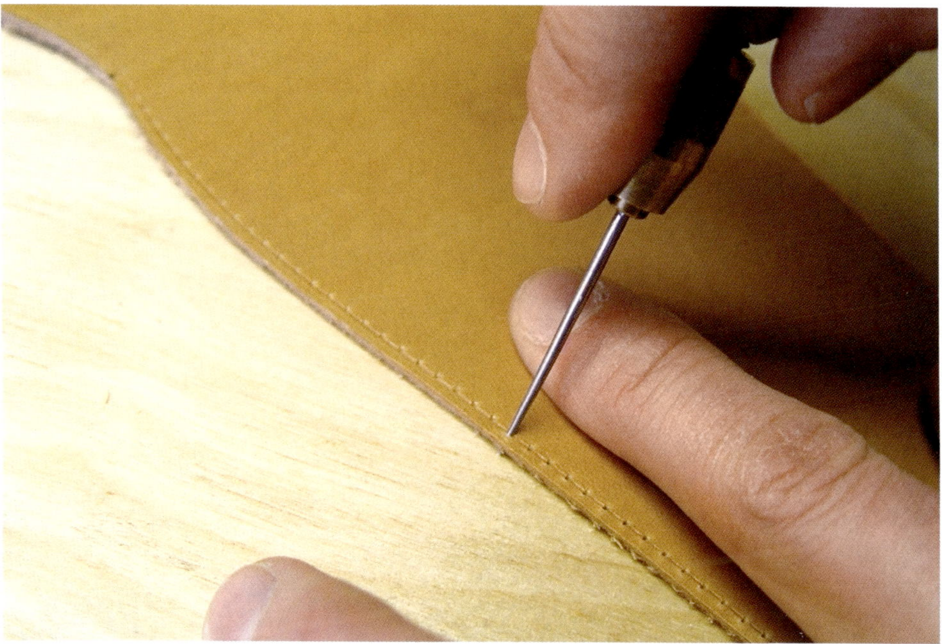

**Zum Stechen der Löcher nimmt man eine Ahle mit gerader oder geschwungener Klinge. Wichtig ist nur, dass die Klinge oval und geschärft ist. Damit lassen sich die Löcher am einfachsten stechen. Bei einer geraden Ahle setzt man die Spitze senkrecht an der Markierung an, sticht nur leicht ein (zirka ein Zehntel Millimeter) und kippt die Ahle dann wie im Bild gezeigt zur Seite. Die Löcher sollten allesamt auf die gleiche Weise gestochen werden (eventuell vorab an einem anderen Stück Leder üben).**

Es ist wichtig, alle Nahtlöcher auf die selbe Art und Weise zu stechen. Andernfalls wird die Scheide nicht so gut aussehen, wie sie sollte. Die Löcher sollten kurz oberhalb der abgeschrägten unteren Lederkante (ja genau, an der Seitenfläche) herauskommen. So fährt man fort, bis man zu den letzten beiden Nahtlöchern gelangt, die besonders deutlich markiert wurden. Diese werden senkrecht nach unten durchstochen. Sie werden stabiler vernäht, da sie beim Versorgen des Messers besonders starken Belastungen ausgesetzt sind. Das obere Abschluss der Scheide liegt zirka fünf bis zehn Millimeter oberhalb der letzten Nahtlöcher. Der Lederbereich oberhalb der Naht wird später übereinanderlappend zusammengefügt. Das dient als flexibler Verschluss. Er dehnt sich, wenn man das Messer in die Scheide führt, und schließt sich wieder, wenn das Messer ganz in der Scheide steckt.

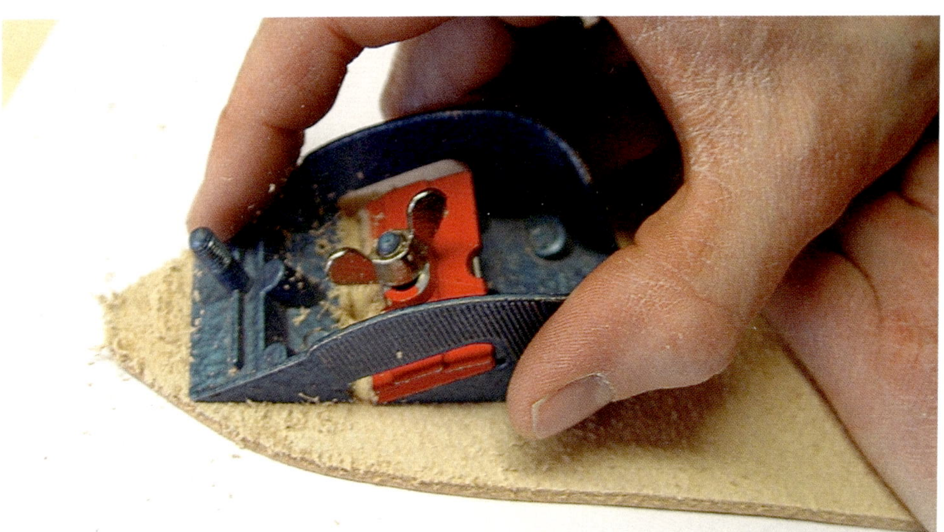

Nachdem die Löcher gestochen wurden, wird die Stärke des Leders von der Mitte bis zur Spitze ausgeschärft (dünner gemacht). Drehen Sie das Leder um und legen Sie es auf dickeres Papier und einen harten Untergrund. Das Papier schützt die spätere Außenseite der Scheide vor Kratzern. Mit einem kleinen Lederhobel wird das untere Drittel der Scheide schrittweise ausgeschärft. Zur Spitze hin sollte das Leder richtig dünn werden. Das erleichtert das Falten und Zusammennähen der Scheide an der Spitze. Falls das Leder an dieser Stelle zu stark ist, lässt es sich nicht mehr falten.

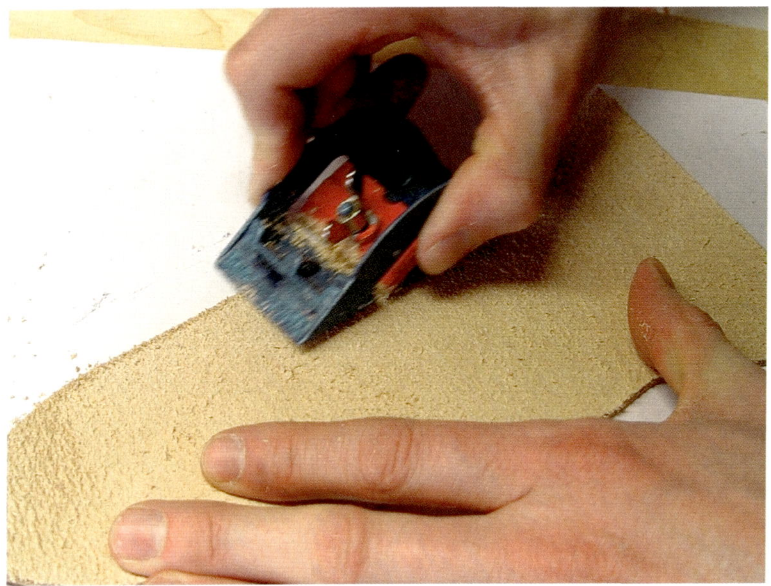

Damit die Kanten einheitlich stark sind, muss auch an den beiden Seitenkanten etwas von der Stärke abgenommen werden.

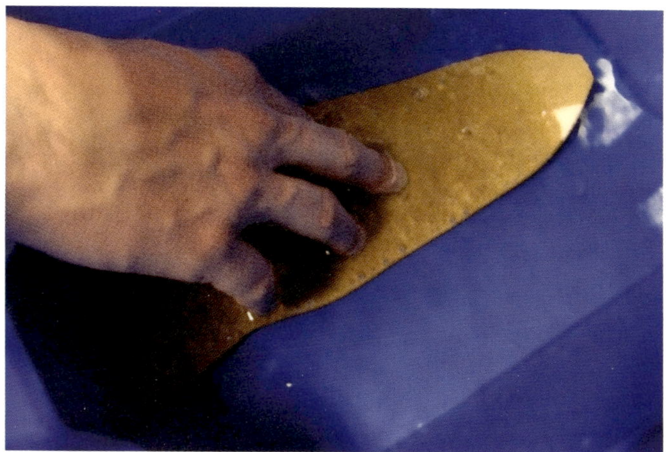

Nach dem Ausschärfen des Leders wird es eingeweicht, um es formbar zu machen. Je nach Art des Leders muss es zwischen einer und anderthalb Minuten in handwarmes Wasser eingelegt werden. Man kann es auch länger einweichen. Halbgegerbtes Walkleder für skandinavische Scheiden verträgt eine längere Einweichzeit. Allerdings darf das Leder auch nicht zu lange gewässert werden, sonst droht „Orangenhaut".

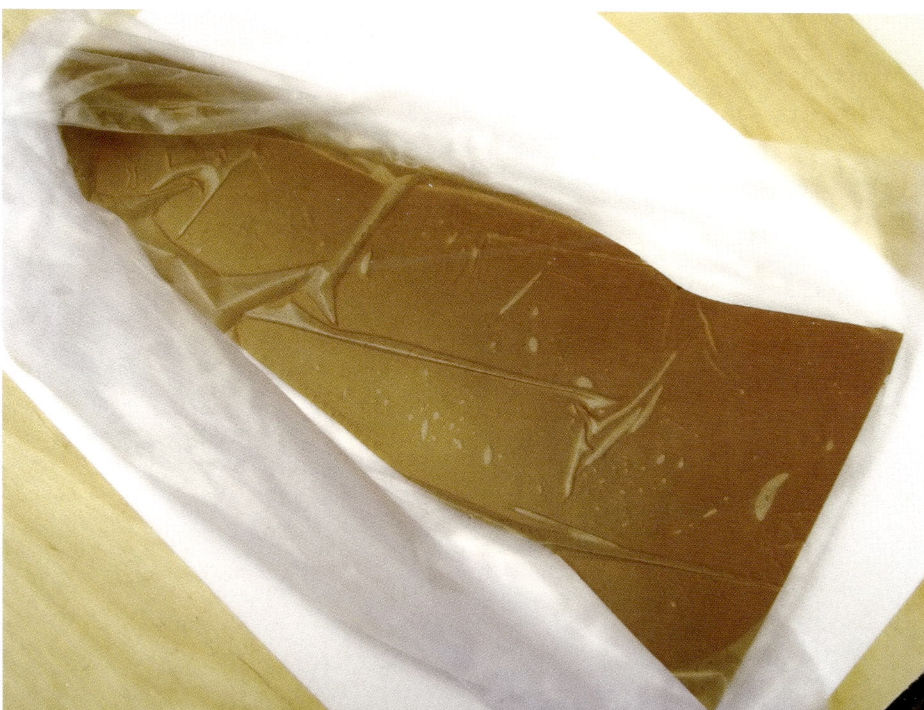

Danach steckt man das Leder in eine Plastiktüte, so dass es gleichmäßig aufweicht. Man kann die Tüte mit dem Leder getrost für ein paar Tage in den Kühlschrank legen, ohne dem Material dadurch zu schaden.

# 5. Die D-Ring-Halterung

Die eigentliche Scheide muss irgendwie am Gürtel befestigt werden. Dazu bauen wir zunächst einen geeigneten Halter.

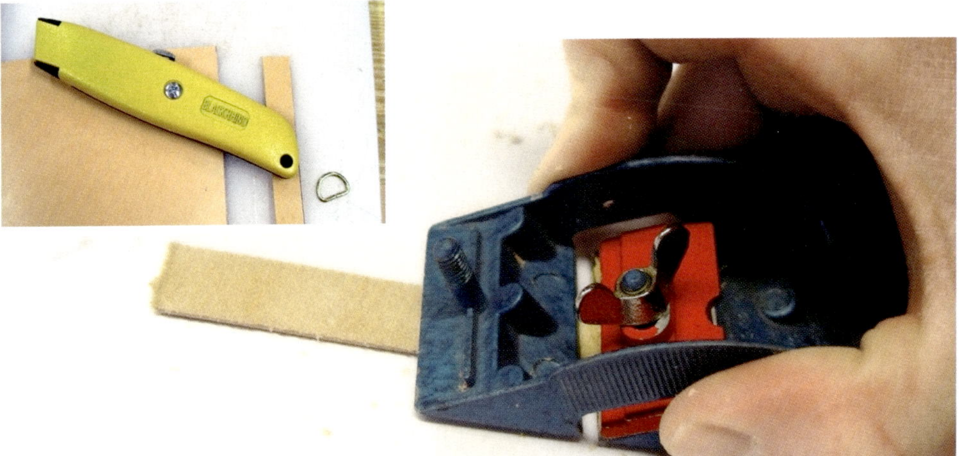

Während das Leder in der Tüte gleichmäßig aufquillt, nutzen wir die Zeit, um den Halter für den D-Ring anzufertigen, der als Verbindung zwischen Scheide und Gürtelschlaufe dient (es gibt diese Ringe fertig, man kann sich aber auch einen aus Draht biegen). Wir verwenden robustes Brandsohlleder. Messen Sie die innere Breite des Rings, und übertragen Sie die Breite auf ein Stück Leder. Entsprechend der D-Ring-Breite wird ein rechteckiges Stück Leder ausgeschnitten, das etwa 18 Zentimeter lang sein sollte. Dieser Streifen wird zu beiden Enden hin ebenfalls mit dem Lederhobel ausgeschärft. Natürlich geschieht das auf der Fleischseite des Leders (der späteren Innenseite).

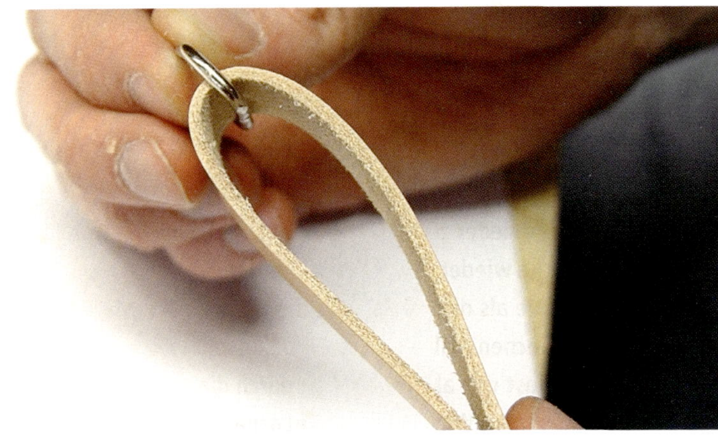

Fädeln Sie den Lederriemen wie im Bild gezeigt in den D-Ring ein.

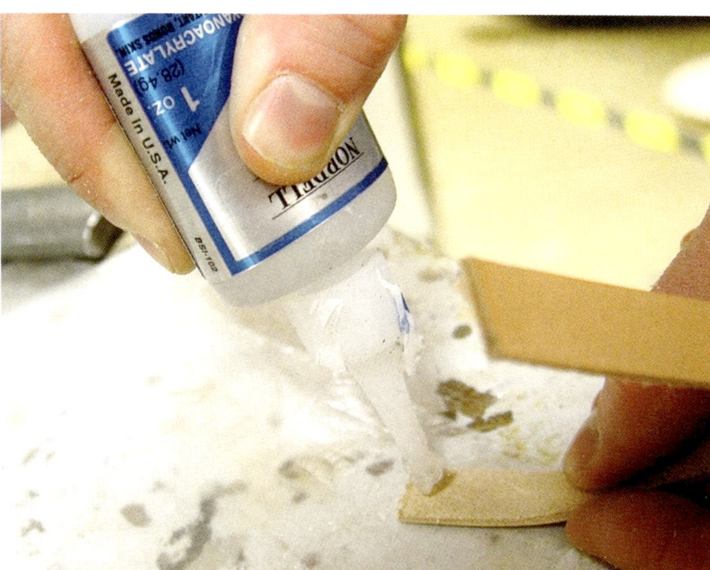


Die Enden des Riemens kann man zusammenkleben. So lässt sich der Riemen später leichter in der Scheide bewegen.

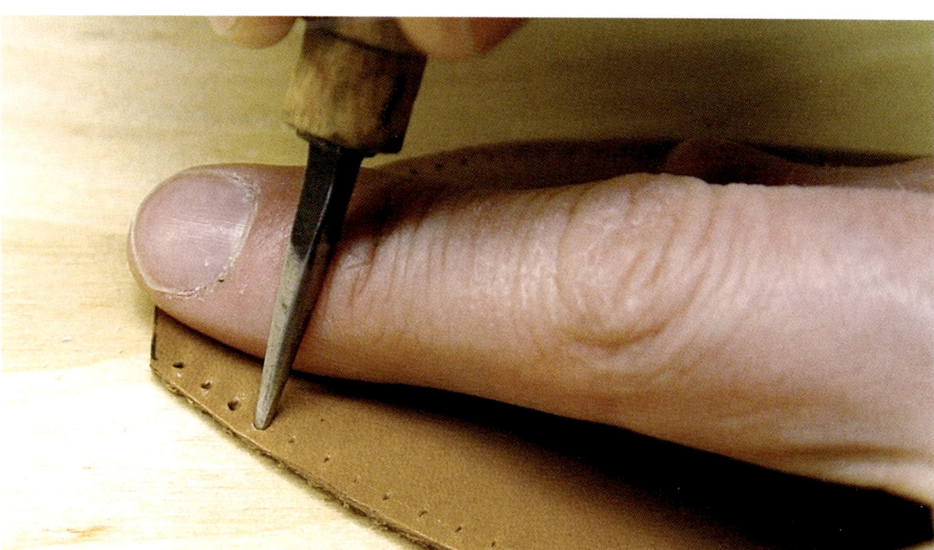

Nach dem Wässern und der Quellzeit im Kühlschrank ist das Leder aufgequollen, und die Löcher haben sich wieder zusammengezogen. Deshalb müssen die Nahtlöcher vor dem Nähen mit der Ahle wieder aufgeweitet werden. Nehmen Sie dazu eine etwas stärkere und stumpfere Ahle als die, mit der Sie die Löcher gestochen haben. Es geht nicht darum, neue Löcher zu stechen – also gehen Sie behutsam vor! Dreht und rollt man die Ahle leicht, findet sie fast von allein den Weg durch die vorbereiteten Löcher. Denken Sie daran, die Ahle im selben Winkel durch die Löcher zu führen wie beim Stechen.

# 6. Das Vernähen der Scheide

Der mühsamste, aber auch schönste Teil der Arbeit ist das Zusammennähen der Scheide. Dabei sollte man sich alle Zeit der Welt lassen.

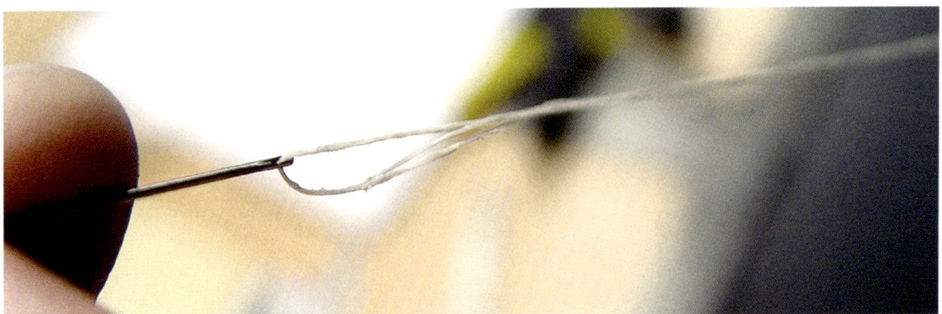

**Zunächst muss der passende Nähfaden ausgewählt werden. Man kann klassisches Schustergarn verwenden, aber auch gewachste Zahnseide hat sich für diesen Zweck bestens bewährt. Die zum Einsatz kommenden Nadeln sollten so schlank wie möglich sein. Achten Sie darauf, dass die Spitzen ungeschärft sind – das verhindert, dass die Nadel im Leder stecken bleibt. Auf beiden Enden des Fadens wird eine Nadel eingefädelt. Führen Sie dazu den Faden durchs Öhr der ersten Nadel und sichern Sie die Verbindung, indem Sie mit der Spitze der Nadel durch das zuvor eingefädelte Ende das Fadens stechen. Ziehen Sie die entstandene Schlaufe zusammen. Auf der anderen Seite des Fadens wird die zweite Nadel genauso befestigt. Der Faden sollte mindestens die dreifache Länge der Naht haben.**

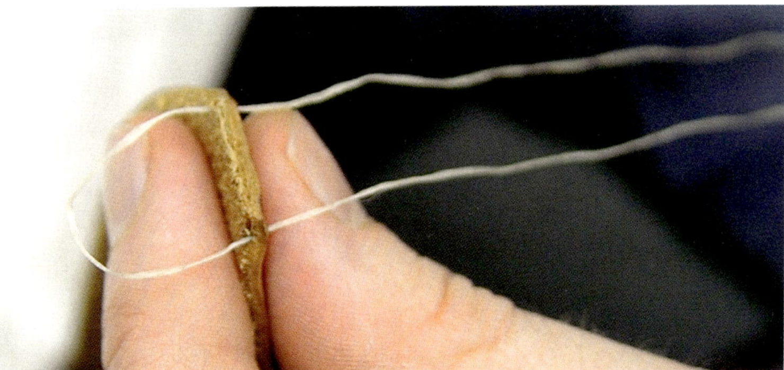

**Wir beginnen mit dem rechten unteren Loch. Die Nadel wird von oben (in Richtung Fleischseite) durch das Nahtloch gesteckt und von unten durch das unterste Loch links wieder herausgeführt (in Richtung Außenseite). Der Faden wird soweit durch die beiden Löcher gezogen, bis auf beiden Seiten die gleiche Länge übersteht.**

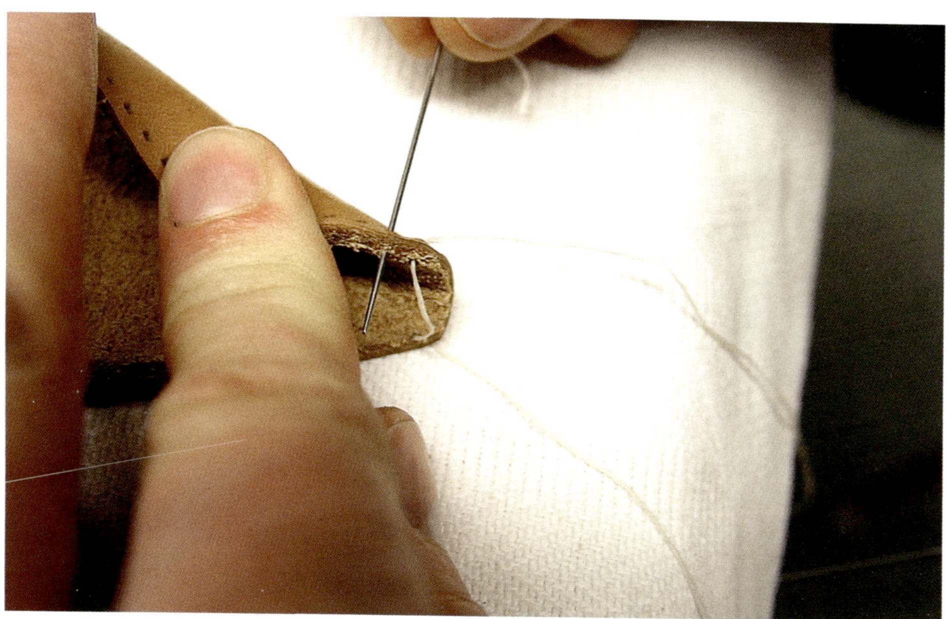

Jetzt wird das Leder gefaltet und die rechte Nadel (vom Blickpunkt des Nähers aus; die Spitze der Scheide zeigt zum Nähenden) durch das zweite Loch auf der rechten Seite geführt (von außen in Richtung Fleischseite).

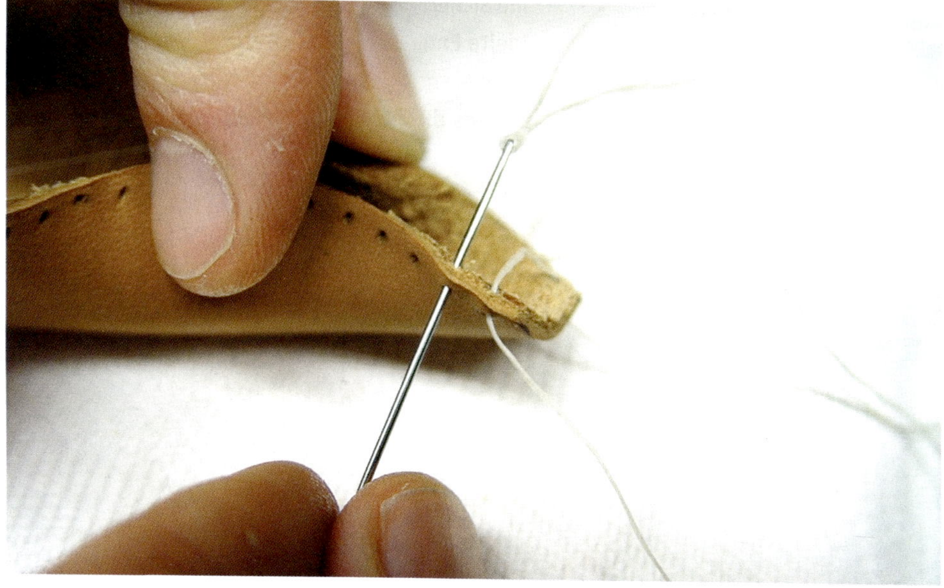

Dann wird die Nadel durch das gegenüberliegende Loch links geführt (von der Fleischseite nach außen).

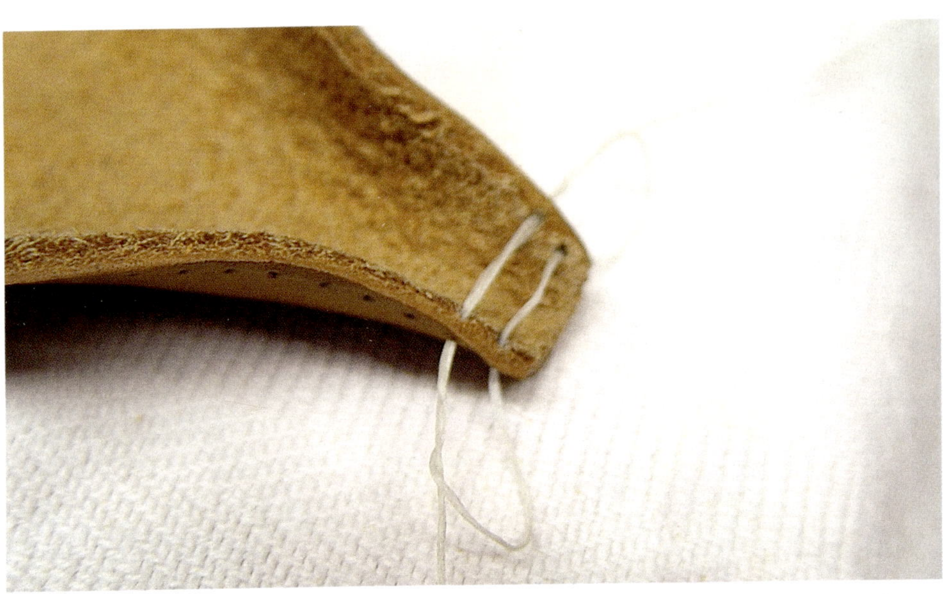

Nachdem die linke Nadel von links nach rechts durch die gleichen Löcher wie zuvor die rechte Nadel gezogen wurde (dabei nicht den zuvor durchgeführten Faden durchstechen!), sollte es wie im Bild gezeigt aussehen. Der Ablauf wird in der Bilderserie (Schritt 1 bis 6) verdeutlicht. Das Nähen läuft bei allen Nahtlöchern auf die gleiche Weise ab.

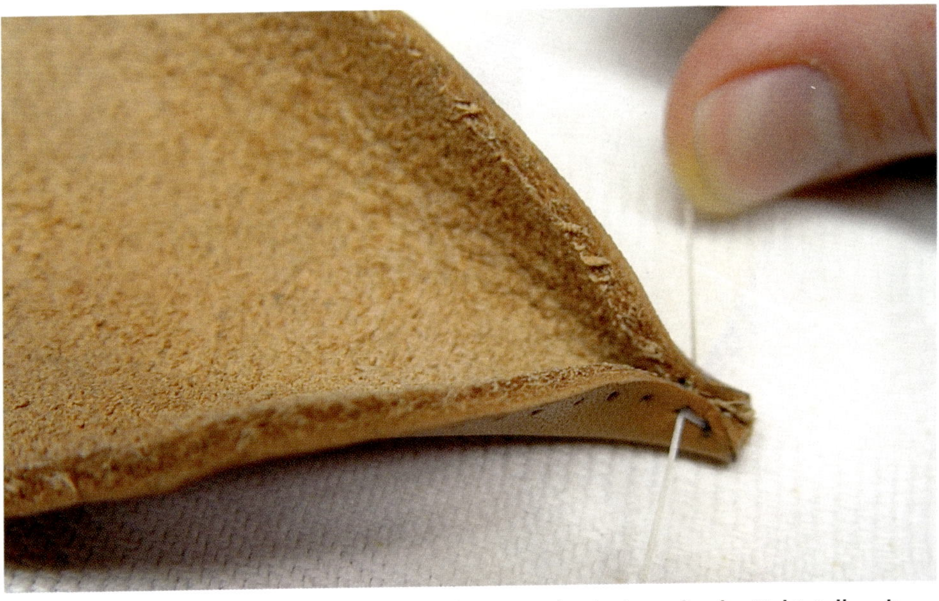

Der Stichknoten wird erst angezogen, nachdem man das Leder nahe der Nahtstelle mit den Fingern etwas zusammengepresst hat.

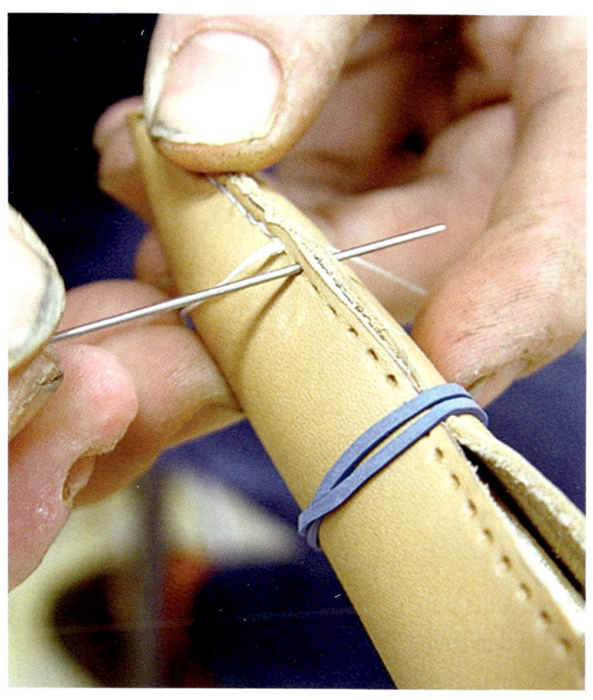

Schritt 1:
Während des Nähens dreht man die Spitze der Scheide zu sich. Die Angaben „links" beziehungsweise „rechts" geben die Perspektive des Scheidenmachers wieder und entsprechen nicht der in den Bildern gezeigten Draufsicht.
Mit der rechten Nadel sticht man von rechts nach links durch das nächst obere Paar Löcher. Falls die Nadel stecken bleibt, weitet man das Loch mit kreisförmigen Bewegungen des Nadelendes auf.

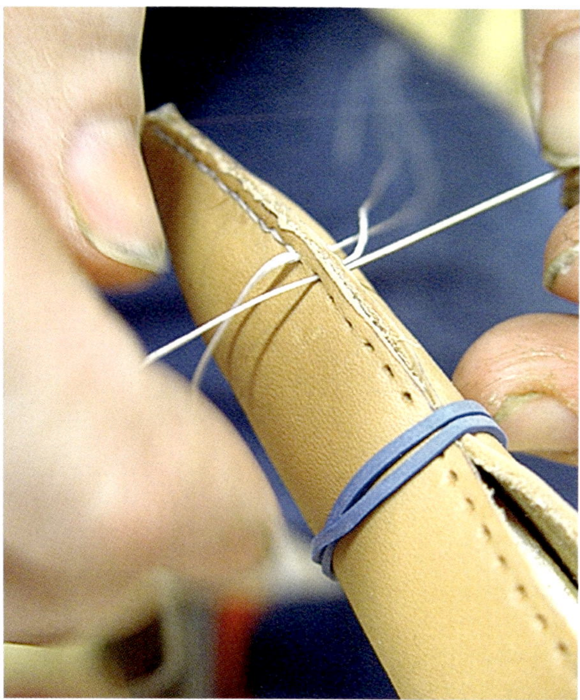

Schritt 2:
Führen Sie die rechte Nadel und den dazugehörigen Faden durch beide Löcher, und lassen Sie eine Schlaufe stehen. Die soeben durchgeführte Nadel (mitsamt Faden) wird über die bereits auf Ihrem linken Schenkel liegende Nadel und Faden gelegt. Führen Sie nun die linke Nadel und den Faden unter der rechten Nadel und dem dazugehörigen Fadenstück durch, und stecken Sie die linke Nadel durch die Löcher, die zuvor mit der rechten Nadel durchstoßen wurden.

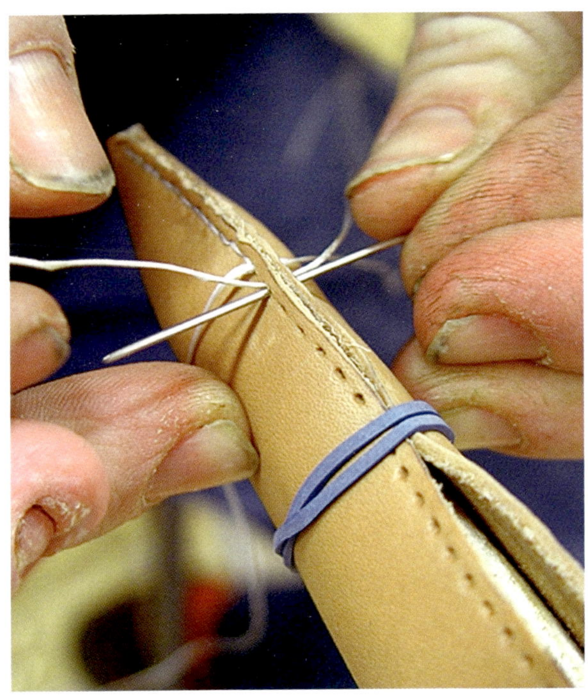

Schritt 3:
Beim Durchstecken der linken Nadel durch die bereits „belegten" Löcher besteht die Gefahr, dass man den Nähfaden durchstößt. Das sollte nicht passieren. Um zu überprüfen, ob der Faden versehentlich durchstoßen wurde, steckt man die Nadel so tief wie im Bild gezeigt durch die Nahtlöcher. Nun zieht man an der Schlaufe. Bewegt sich die Nadel mit, wurde der Faden aller Wahrscheinlichkeit durchstoßen. In diesem Fall bewegt man die Nadel zirka 1,5 Zentimeter zurück und zieht wieder an dem rechten Faden. Das gibt den angestochenen Faden frei. Falls nicht, wiederholt man dieses Vorgehen.

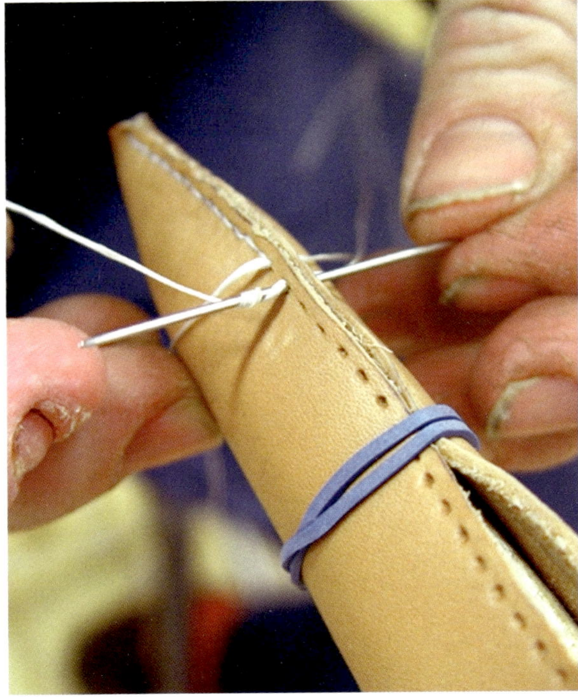

Schritt 4:
Nach dieser Überprüfung wird der Faden dreimal im Uhrzeigersinn um die Nadelspitze gewickelt. Ohne die drei Schlaufen von der Nadel rutschen zu lassen, wird diese dann ganz durchgeführt. Die drei Törns um die Nadel festigen den Stich nach dem Dichtholen. Ziehen Sie dazu gleichzeitig an beiden Fadenenden.

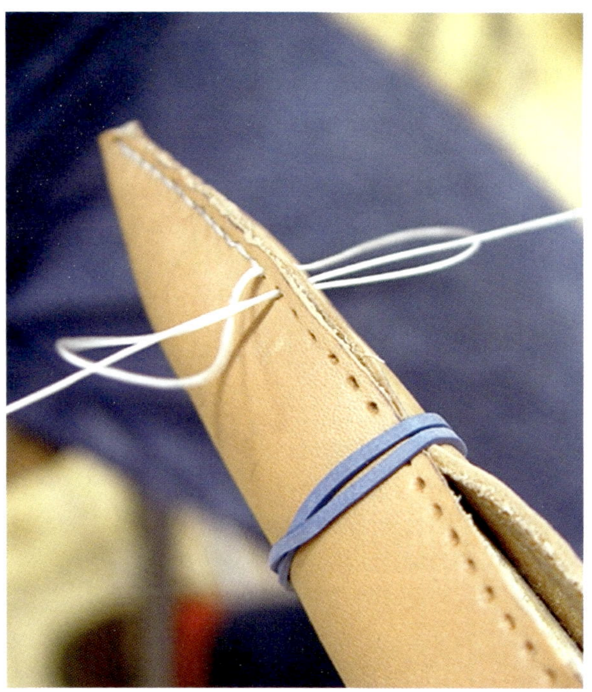

**Schritt 5:**
**Die zuvor stehen gelassenen Schlaufen werden dabei durch die Löcher gezogen. Achten Sie darauf, dass sich keine Knoten bilden.**

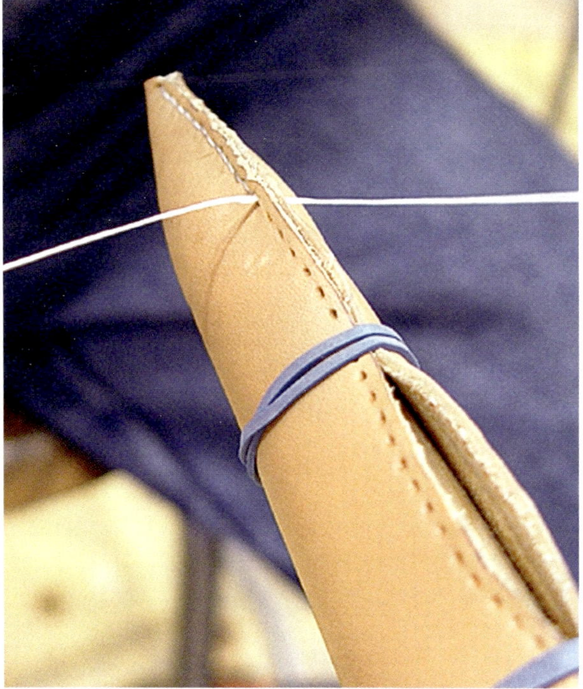

**Schritt 6:**
**Die Fäden zieht man im 90-Grad-Winkel zur Naht an. Man muss dabei relativ kräftig ziehen, bis man erheblichen Widerstand spürt. Der dichtgeholte Nähfaden sollte etwas dunkler als der überstehende Faden wirken. Falls er noch weiß ist, könnte das ein Anzeichen dafür sein, dass der Stich nicht fest genug angezogen wurde. Um am Schluss eine schöne und gleichmäßige Naht zu haben, müssen alle Stiche auf die gleiche Weise und mit der selben Festigkeit angezogen werden.**

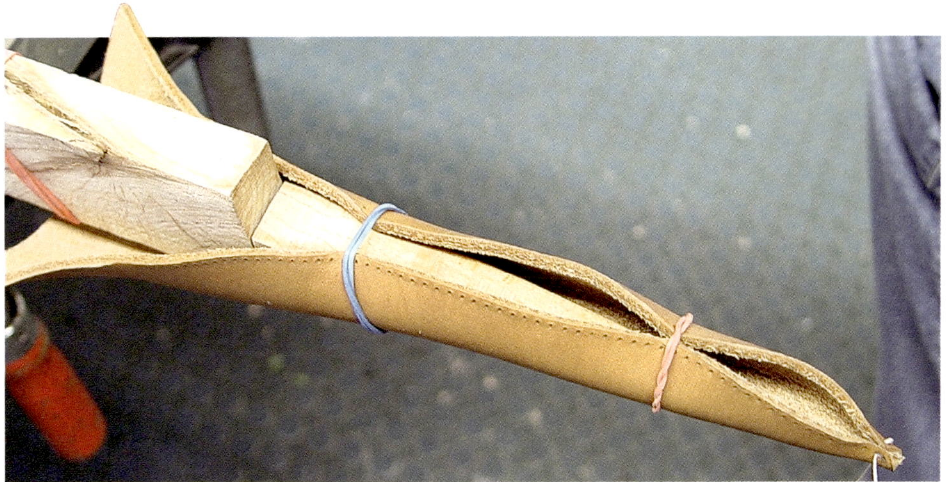

Um sich das Nähen zu erleichtern, kann man eine kleine Nähhilfe aus Holz, einen Leisten, verwenden. Er wird mit einer Schraubzwinge am Tisch befestigt. Der Leisten dient als Stütze und um das Leder festzuhalten. Mit Gummibändern wird das Leder am Leisten fixiert. Die Nahtränder sollten relativ weit zusammengeführt werden. Ab und zu muss man die Lage der Lederscheide auf dem Leisten verändern, da die Form des Leistens von der der Scheide abweicht.

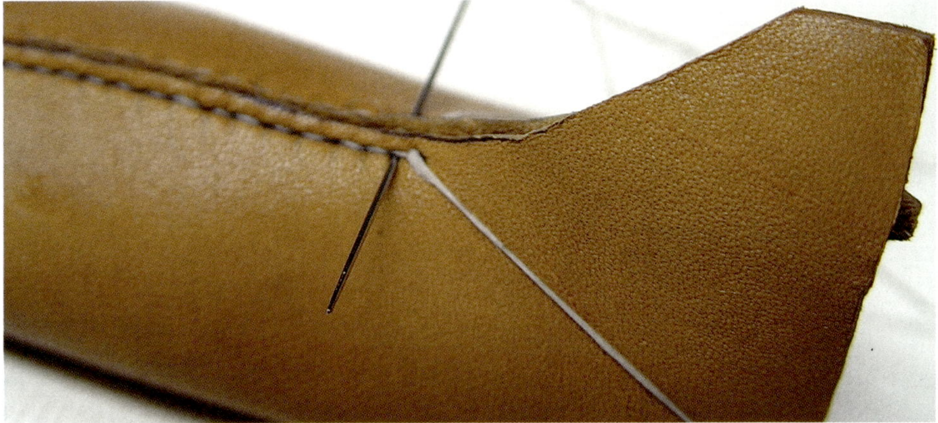

Nachdem man das letzte Paar Löcher von beiden Seiten vernäht hat, nimmt man die Scheide von Leisten herunter. Jetzt wird die Scheide so gedreht, dass die Spitze vom Körper weg zeigt. Auf die selbe Weise wie zuvor näht man zum Abschluss zwei Lochpaare zurück. Wie gewohnt, beginnt man mit der rechten Nadel. Da in den Löchern inzwischen zwei Fadenstränge verlaufen, ist nur noch wenig Platz für die kommenden beiden Durchstiche übrig. Indem man die Löcher von beiden Seiten mit der Nadel etwas aufweitet, schafft man sich genügend Raum.

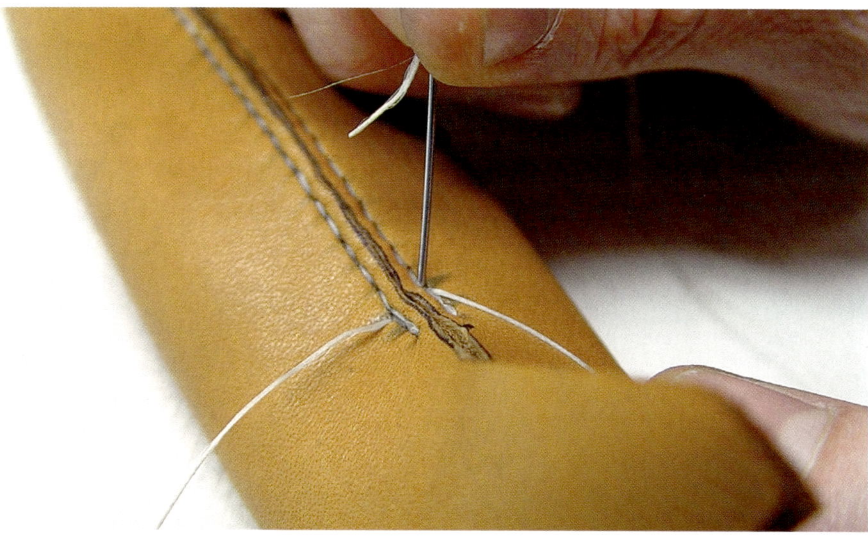

**Hat man zwei Löcher zurückgenäht, wird der Abschlussknoten vorbereitet. Zuerst mit der einen, anschließend mit der anderen Nadel sticht man von oben durch das zuletzt durchstochene Loch. Und zwar so, dass die Nadelspitzen zwischen den zusammengenähten Lederkanten im Inneren der Scheide herauskommen.**

**Im Bild kann man erkennen, wie die Nadel zwischen den Lederkanten herauskommt. Verschaffen Sie sich einen guten Griff und ziehen Sie Nadel und Faden komplett durch. Mit einer Zange lassen sich die Nadeln besser greifen.**

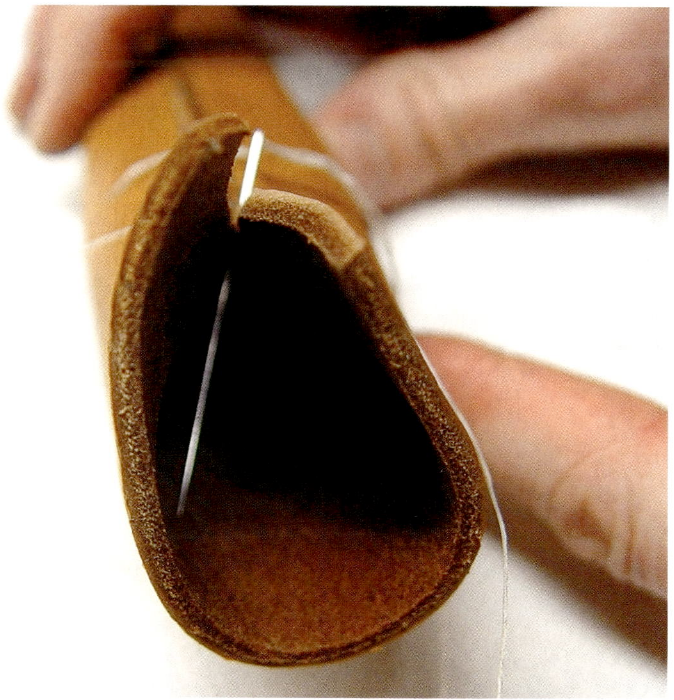

**Beide Fäden werden nach außen gezogen und der Stich angezogen.**

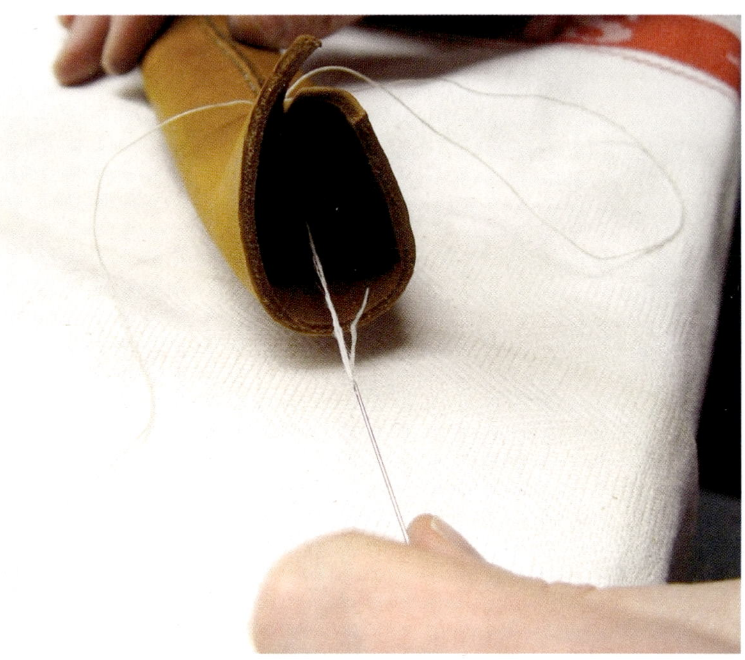

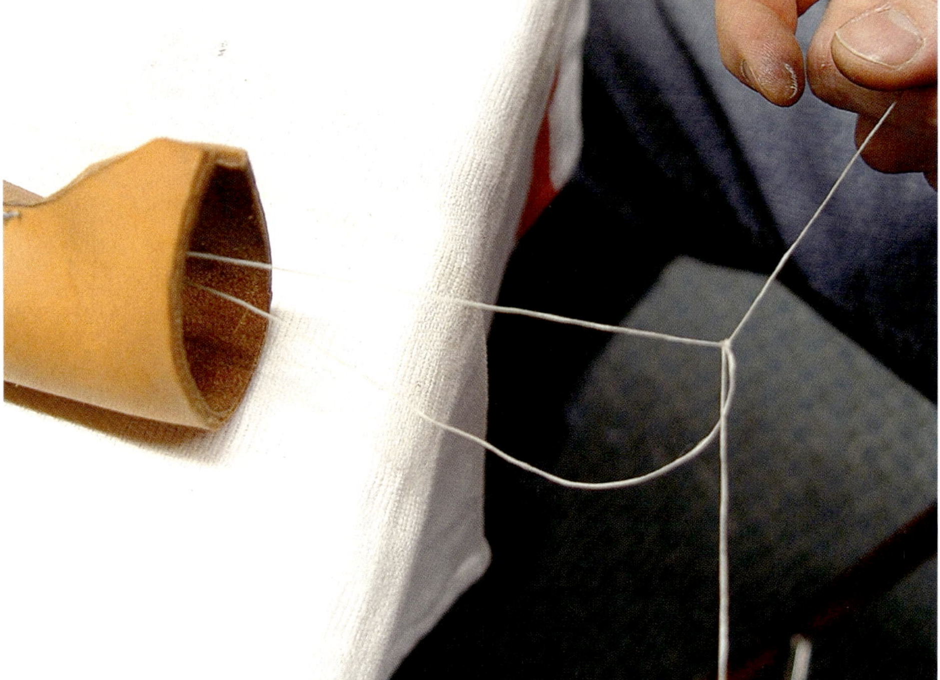

**Fixieren Sie den letzten Stich mit zwei übereinander liegenden Überhandknoten.**

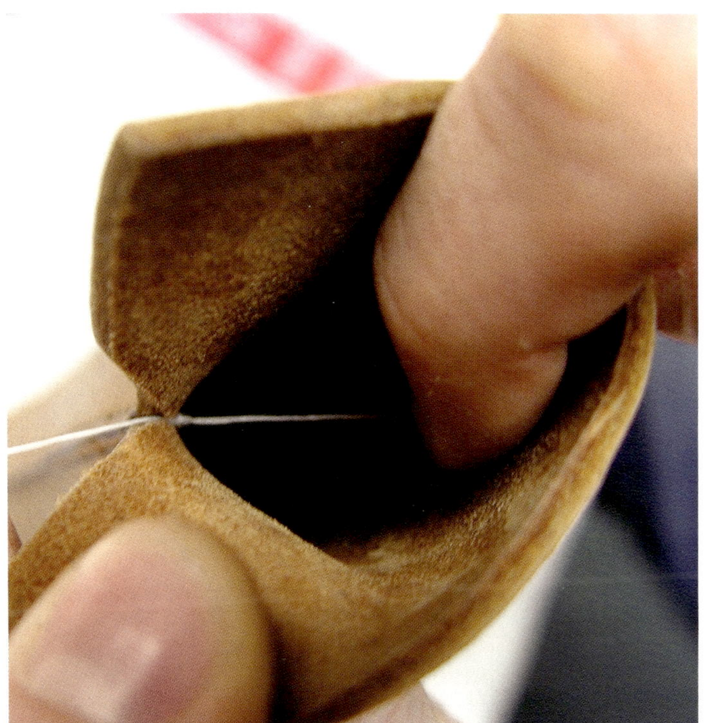

**Ein Fadenende wird mit dem Finger in der Scheide fixiert, das andere Fadenende wird stark angezogen. Auf diese Weise verschwindet der erste Knoten zwischen den beiden zusammengenähten Lederkanten. Wiederholen Sie dieses Vorgehen, um den Doppelknoten fertigzustellen.**

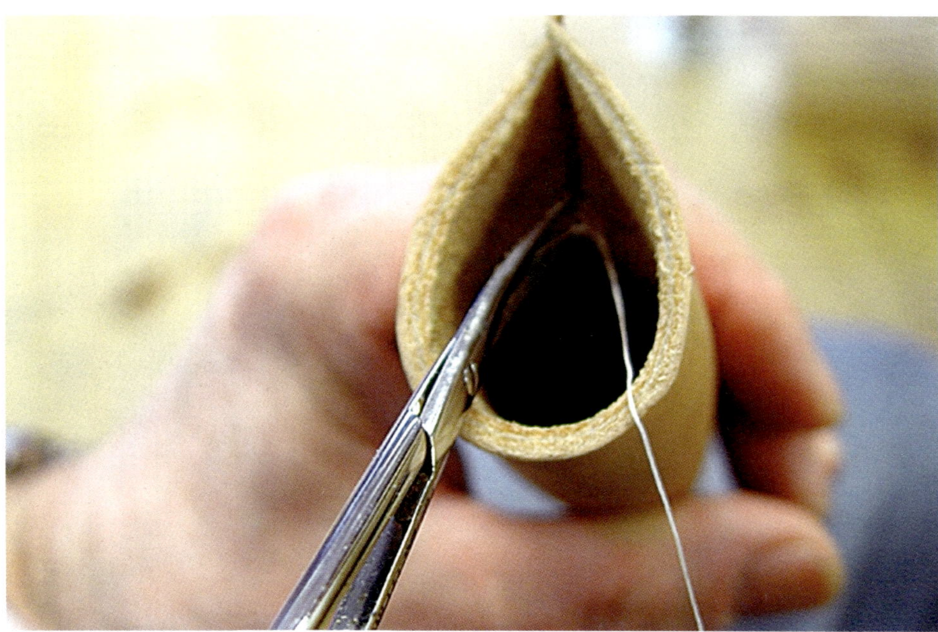

**Die überstehenden Fadenenden werden dicht am Knoten abgeschnitten.**

# 7. Obere Scheidenkante

Zum Finishen des oberen Scheidenabschlusses wird das Messer in die Scheide gesteckt. Zuvor wird die Scheide jedoch in Form gestrichen und geglättet. Die Verbindungsnaht muss auf einer Höhe mit dem Rückenfalz liegen. Schaut man von vorne auf die Scheide, darf nichts mehr von der Naht sichtbar sein. Vergewissern Sie sich, dass das Messer so tief wie möglich in der Scheide steckt.

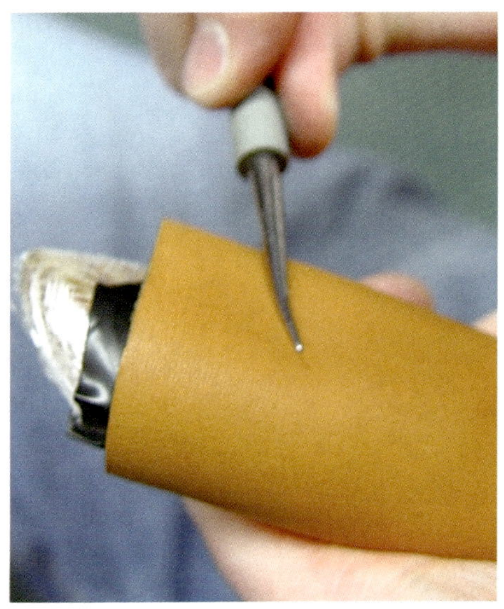

**Jetzt wird der obere Teil der Scheide in Form geschnitten. Ausgehend von der zuvor angebrachten Endmarkierung der Scheide (wenige Millimeter oberhalb des Nahtendes) zeichnet man die Schnittlinie zunächst leicht an. Markieren Sie die obere Abschlusskante, indem Sie eine Linie von der linken bis zur rechten Markierung zeichnen. Die Markierungsendpunkte liegen auf einer Höhe. Wenn Ihnen die Linienführung gefällt, wird sie deutlicher angebracht. Der gebogene Teil des Modellierwerkzeugs eignet sich gut für diesen Zweck.**

**Beim Gestalten der oberen Abschlusskante kann man sich an der Form des Griffabschlusses orientieren. Lassen Sie sich beim Bestimmen der endgültigen Linienführung genug Zeit. Auch der Teil des Griffs (Form und Maserung), der nach dem Zurechtschneiden sichtbar ist, sollte bei der Formgebung in Betracht gezogen werden. Verstärkt man die Markierungslinie mit einem Bleistift, tut man sich leichter beim Ausschneiden.**

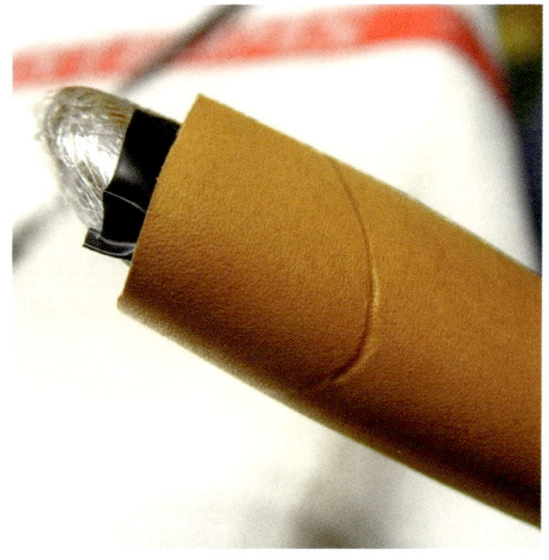

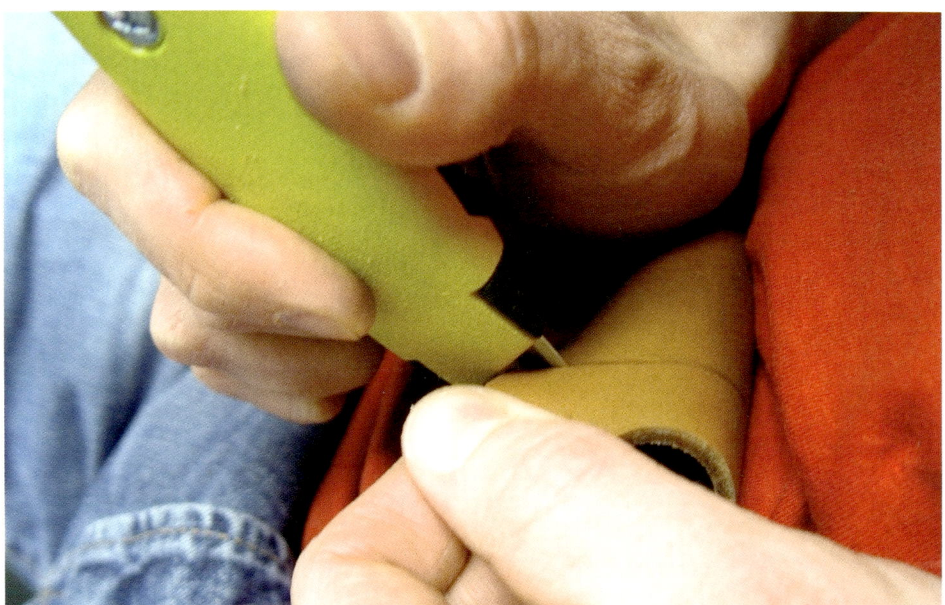

Schneiden Sie mit dem Teppich- oder Ledermesser entlang der angezeichneten Linie. Um eine abgeschrägte Kante zu erhalten, sollte die Spitze nach unten ins Innere der Scheide zeigen. In der Nähe der Naht muss man beim Schneiden besonders aufpassen, um diese nicht versehentlich zu durchtrennen. Anstelle des Teppichmessers kann man auch ein Skalpell mit einer langen und spitzen Klinge benutzen.

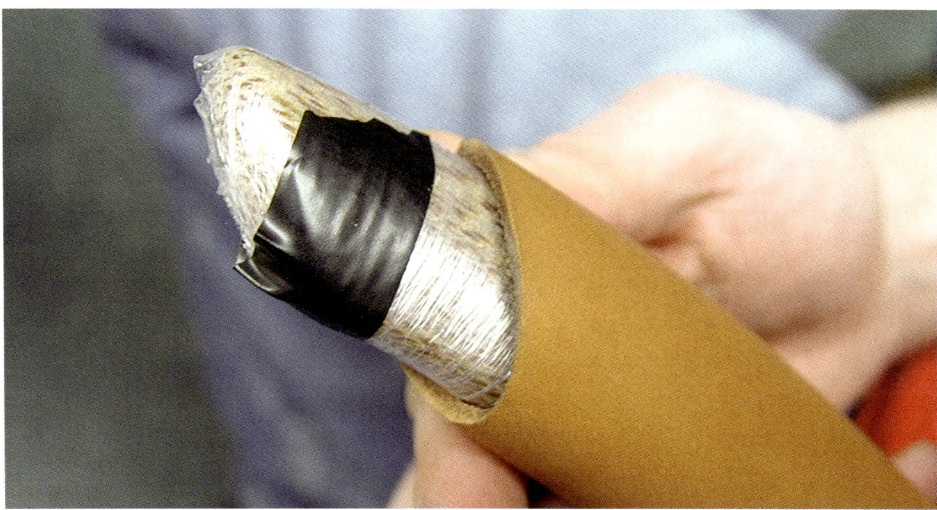

Stecken Sie das Messer in die Scheide und überprüfen Sie das Endresultat.

# 8. Anbringen der D-Ring-Halterung

Die Halterung, die wir zuvor vorbereitet haben, wird nun an der Scheide befestigt. Sie wird dazu im Grunde nur durch drei Schlitze gefädelt.

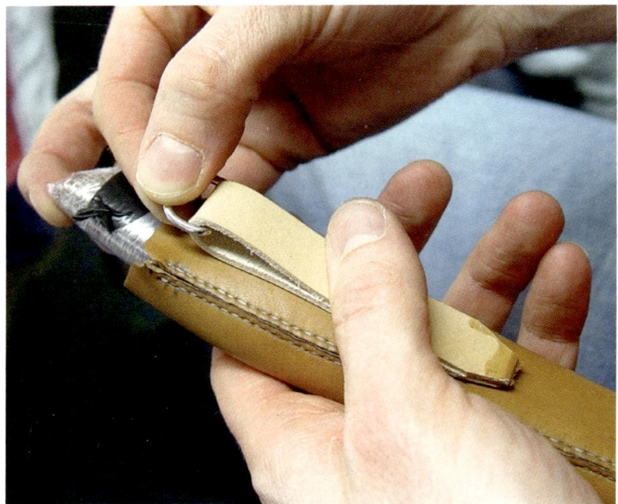

**Die Lederschlaufe mit dem D-Ring sollte fünf bis zehn Millimeter unterhalb der oberen Scheidenkante liegen. Achten Sie darauf, dass sie mittig auf der Rückseite und entlang der Scheidenkontur ausgerichtet ist.**

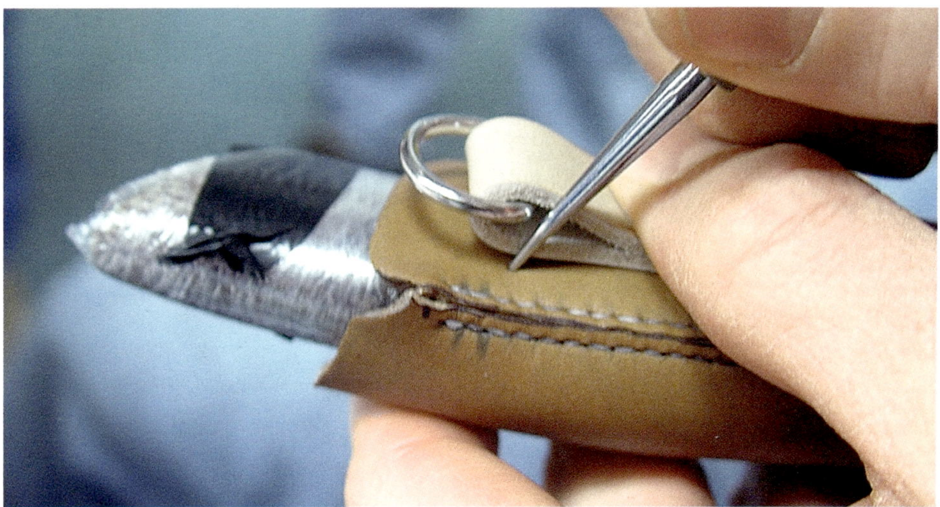

**Auf Höhe des flachen Teils des D-Rings werden links und rechts neben der Schlaufe zwei Löcher angezeichnet. Fünf bis sechs Millimeter darunter wird ein zweites Paar Löcher markiert (siehe nächstes Bild). Zehn Millimeter darunter wird das letzte Paar Löcher angezeichnet.**

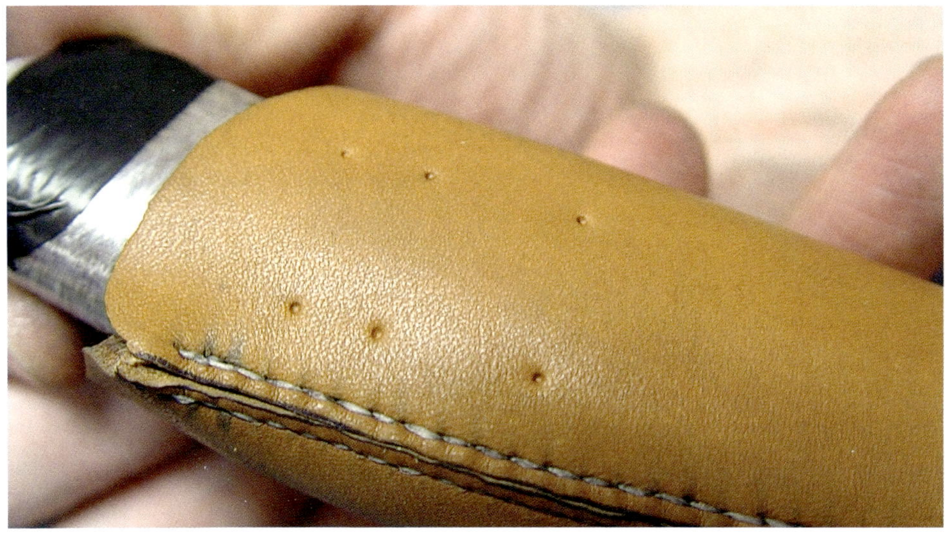

**So sollte das Resultat der Markierung aussehen. Beachten Sie, dass die Loch-Markierungen unmittelbar am Außenrand des Halters angebracht werden. Beim Anbringen der Löcher mit der Lochzange (siehe nächstes Bild) sollte der äußere Rand der Stanzhülse die Markierung nur berühren und nicht darüber hinausgehen.**

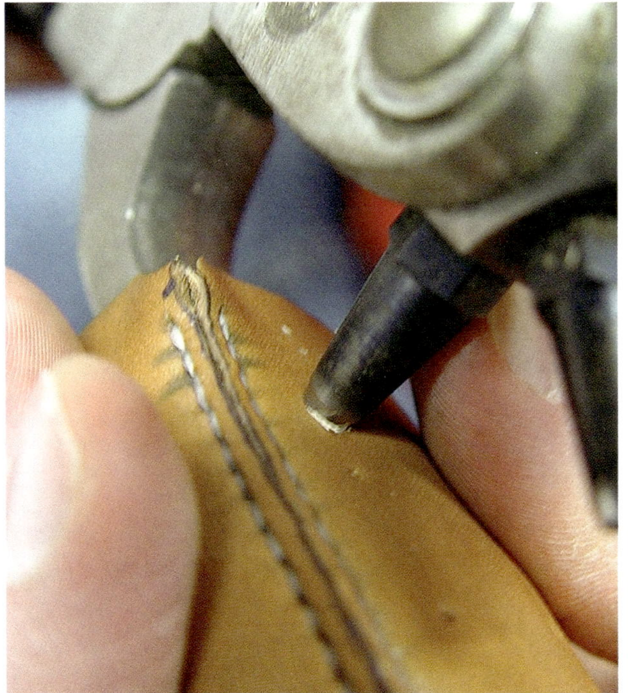

**Innerhalb der Markierungsgrenzen werden nun sechs Löcher gestanzt. Man beginnt mit einem der oberen Löcher. Das parallel liegende Loch wird zunächst nur leicht markiert. Überprüfen Sie vor dem Ausstanzen, dass die Löcher auf einer Linie liegen.**
**Auf diese Weise stanzen wir die nächsten vier Löcher. Bei diesen muss man zusätzlich darauf achten, dass sie nicht nur horizontal auf einer Höhe, sondern auch direkt untereinander liegen.**

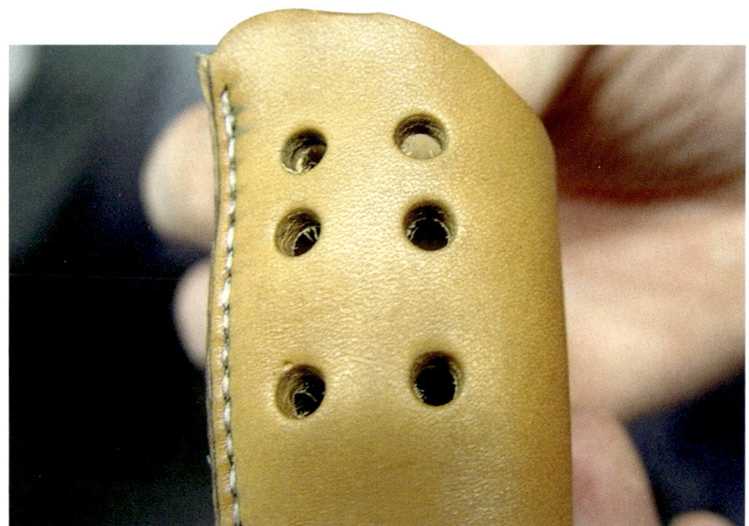

**Und so sieht das Ergebnis aus, wenn man alles richtig gemacht hat. Um die Halterung später durchfädeln zu können, werden die Löcher paarweise eingeschnitten.**

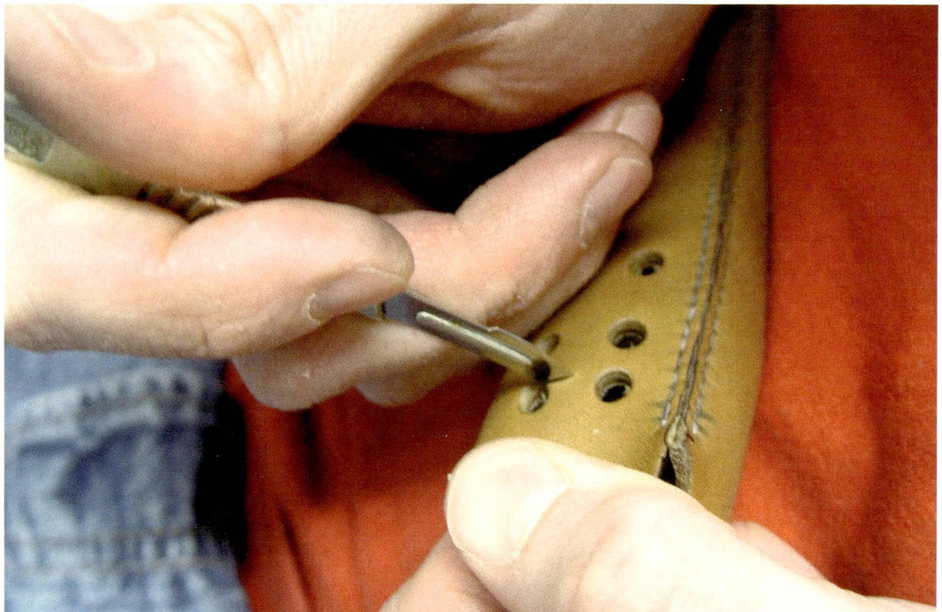

**Mit einem Schnitt verbinden wir die auf einer Höhe liegenden Löcher. Das reicht aus, um gleich die Halterung durchführen zu können. Der Schnitt dient ausschließlich der Verbindung der Löcher, vom Leder selbst wird nichts abgeschnitten. Die Enge der Lochverbindungen sorgt dafür, dass die Halterung später nicht wieder aus der Scheide herausrutscht. Da die Lederschlaufe von oben und außen eingeführt wird, wird das erste Lochpaar am unteren Ende eingeschnitten. Schneidet man am oberen Rand der beiden Löcher ein, lässt sich die Schlaufe nur schwer nach innen biegen.**

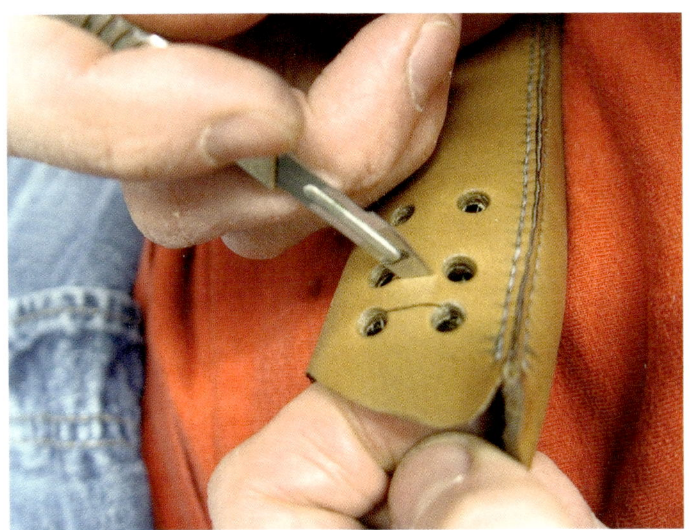

Das nächste Paar Löcher wird an der Oberkante eingeschnitten, was dabei hilft, die Schlaufe wieder aus der Scheide herauszuführen. Die Schlaufe wird von innen nach außen durch den zweiten Einschnitt geführt, wobei sich die Kante nach innen wölbt.

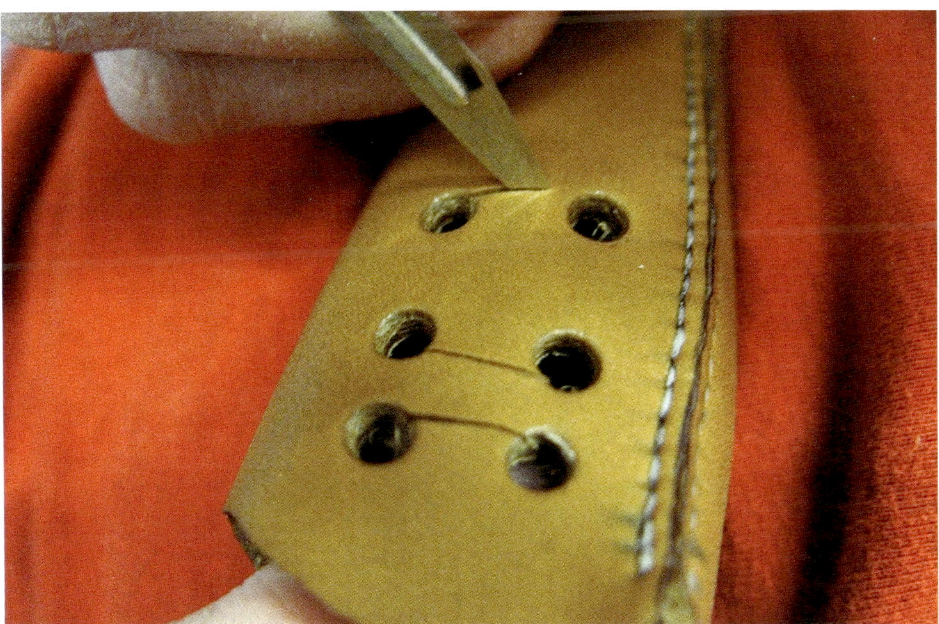

Das letzte Lochpaar wird wieder an der Unterseite eingeschnitten, da die Halterungsschlaufe von außen nach innen geführt wird und sich die Kante dabei nach innen biegen soll. Wäre der Einschnitt oben angebracht, würde sich die Kante zwangsläufig nach außen wölben – was wir nicht wollen. Um zu verstehen, wie die Lochpaare eingeschnitten werden müssen, sollte man sich nur vergegenwärtigen, auf welche Weise die Halterungsschlaufe durchgezogen wird und wie das die Einschnitte beeinflusst.

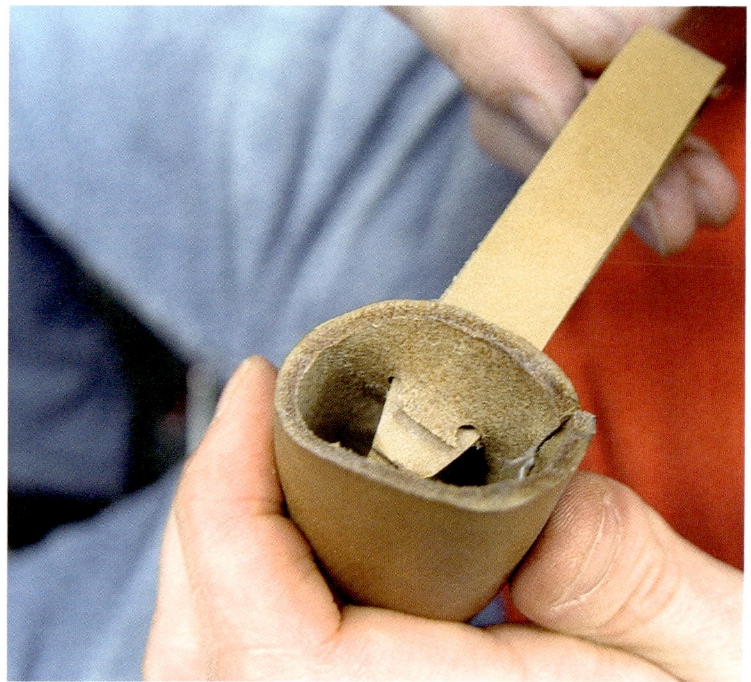

**Im Bild kann man gut erkennen, wie sich die Schnittkante nach innen biegt, wenn der Halterungsriemen duchgesteckt wird. Um das Durchführen des Halterungsriemens zu erleichtern, wird dessen Ende leicht abgeschrägt.**

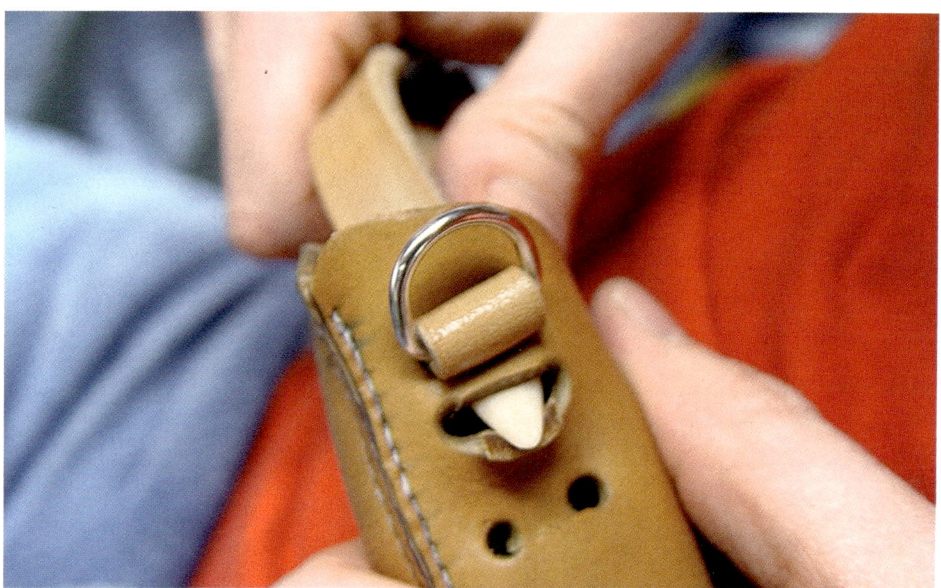

**Führen Sie den Halterungsriemen von außen durch den obersten Schnitt und dann wieder von innen durch den zweiten Einschnitt nach außen (Foto). Man kann mit einem Werkzeug die zweite Öffnung etwas auseinanderdrücken, um Platz für den Riemen zu schaffen.**

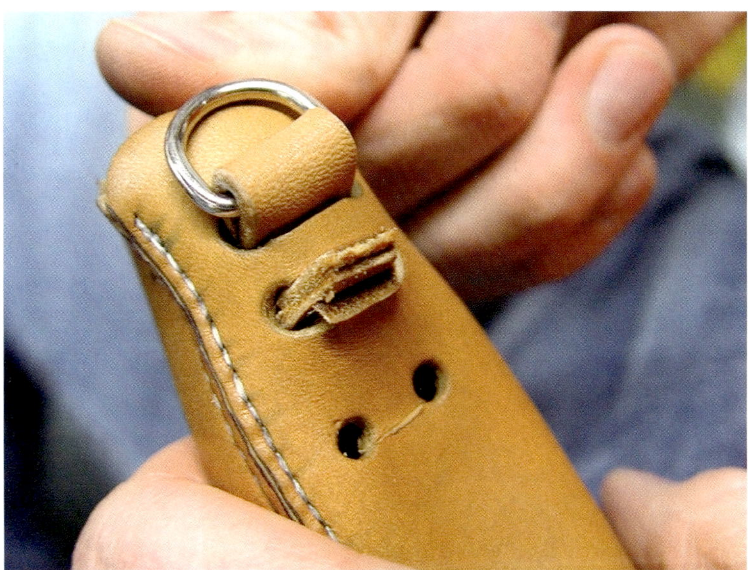

**Ziehen Sie das Ende des Riemens, wie im Bild gezeigt, durch die mittlere Öffnung wieder nach außen.**

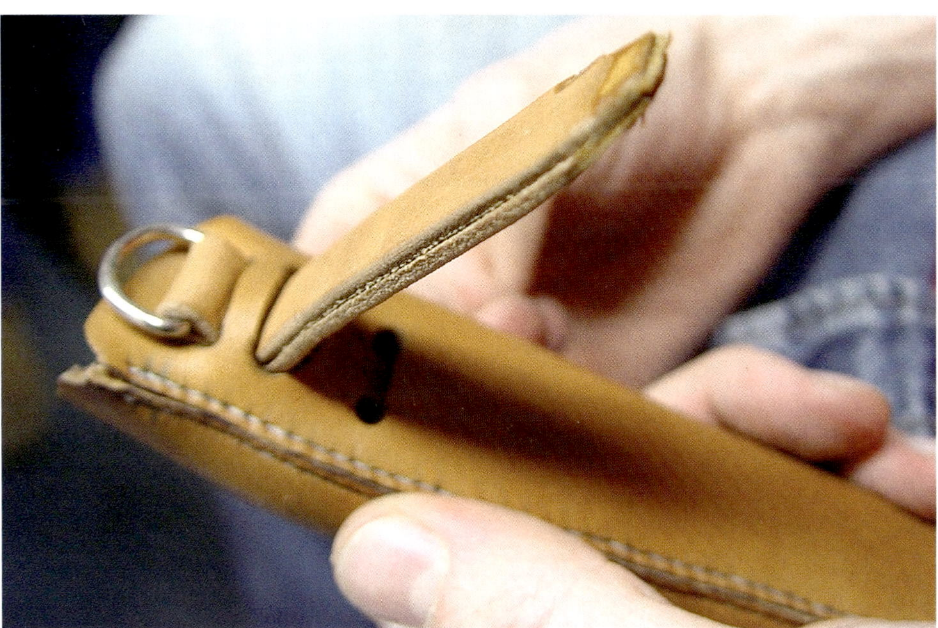

**Ziehen Sie den Halterungsriemen ganz durch, und straffen Sie das Leder rund um den D-Ring, indem Sie fest ziehen. Da der Halterungriemen länger als letztendlich benötigt angefertigt wurde, muss er gekürzt werden. Das Ende des Riemens sollte etwa zwei Zentimeter unterhalb des dritten Einschnitts reichen. Wir kürzen ihn auf einem Schneidbrett. Die Kanten rundet man etwas ab, um den Riemen optisch schöner zu gestalten.**

Anschließend stecken wir den Halterungsriemen durch den untersten Einschnitt nach innen. Schaut man in die Scheide, sollte es wie im Bild aussehen. Dann wird der Halterungsriemen befeuchtet und mit Hilfe eines glatten Werkzeugs so bearbeitet und zusammengedrückt, bis er gleichmäßig und sauber durch die Schnittlinien läuft.

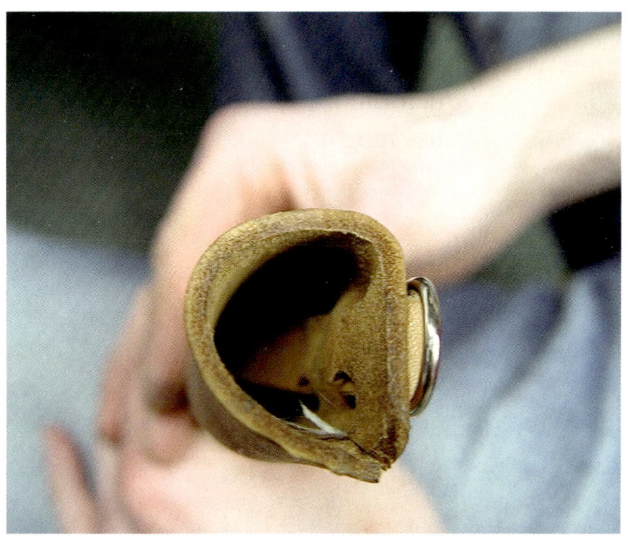

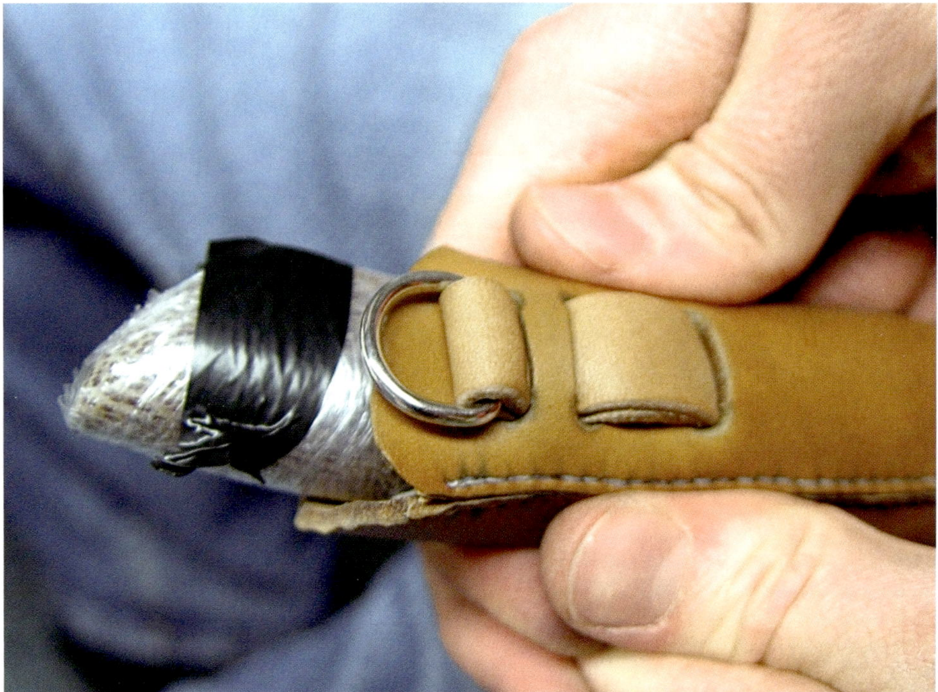

Stecken Sie das Messer zurück in die Schneide. Vergewissern Sie sich, dass es so tief wie möglich sitzt. Überprüfen Sie den geraden Verlauf der Naht. Falls das Leder in der Zwischenzeit zu stark getrocknet ist, befeuchtet man es erneut leicht. Dann geht es ans endgültige Bearbeiten der oberen Scheidenkante.

# 9. Finish der oberen Scheidenkante

Für den optischen Eindruck und die Funktion der Scheide ist es wichtig, den oberen Abschluss möglichst sauber auszuarbeiten.

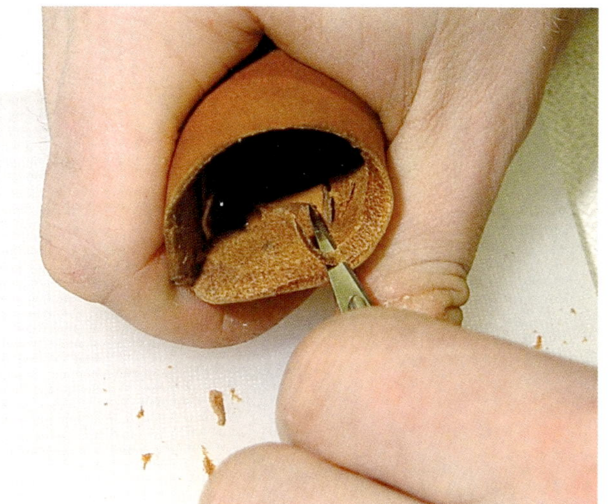

**Um einen gleichmäßigen Übergang zwischen Griff und Scheide zu bekommen, nimmt man etwas von der Stärke des Leders ab. Mit Hilfe eines scharfen Messers oder Skalpells kann man überflüssiges Material vorsichtig abschneiden. Direkt an der Abschlusskante sollte das Leder richtig dünn sein.**

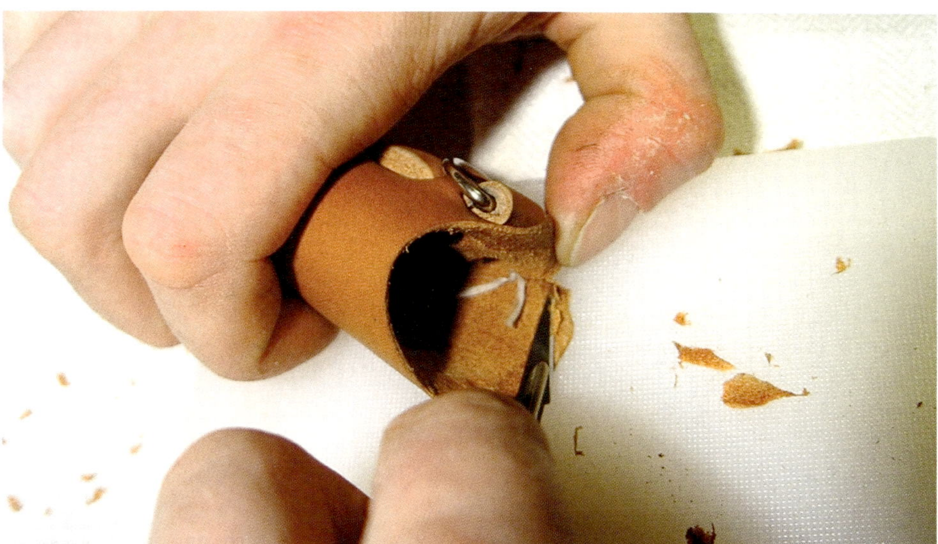

**An den beiden Kantenbereichen der Scheide wird das Leder ebenfalls sorgfältig ausgeschärft, damit man sie später passgenau aufeinander legen kann. Dabei muss man aufpassen, dass man nicht in die Naht schneidet.**

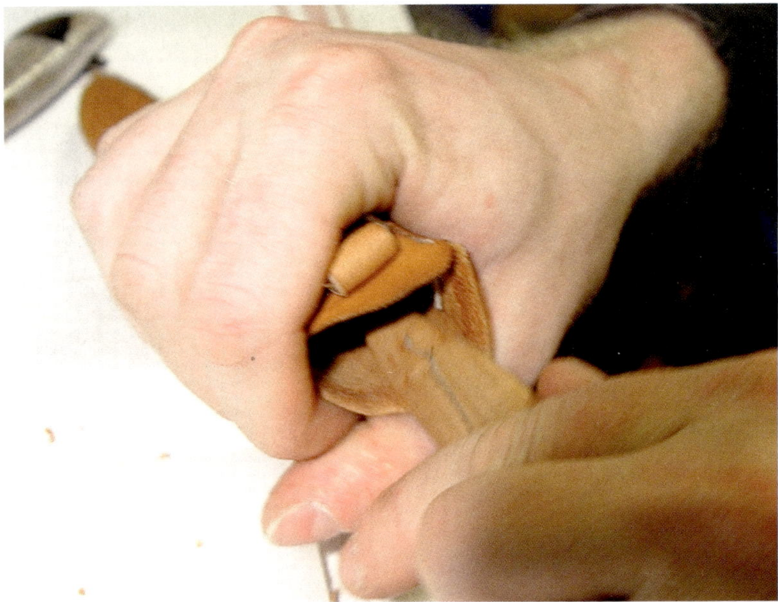

**Zum Abschluss glättet man das Leder mit dem Glätt-Werkzeug. Falls nötig, befeuchtet man das Leder noch mal ein wenig.**

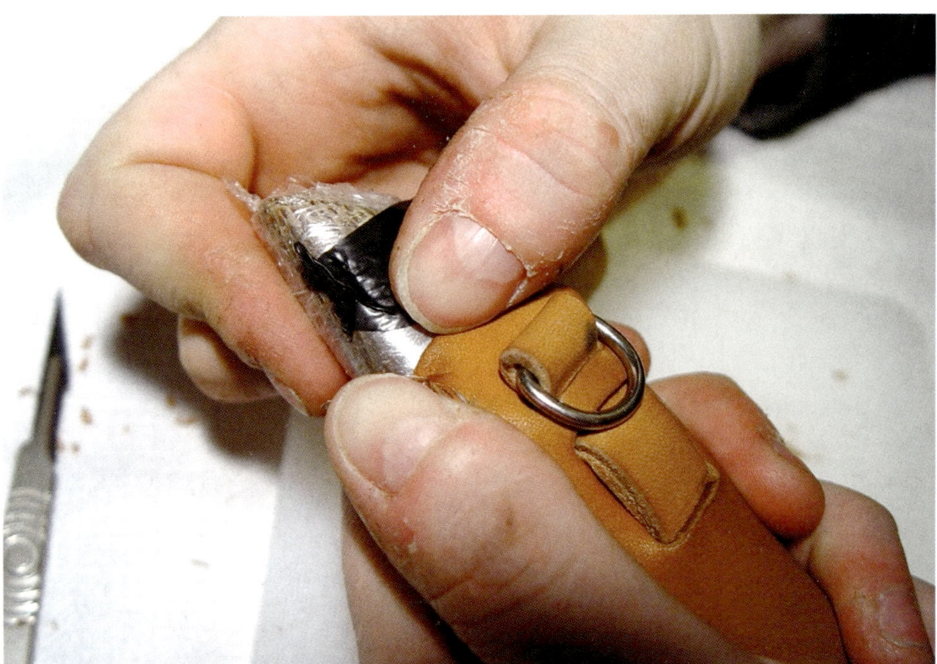

**Stecken Sie das Messer wieder in die Scheide, und drücken Sie das Leder mit dem Daumen nach innen. Fangen Sie auf der Rückseite an, und achten Sie darauf, dass die Kante sauber am Griff anliegt.**

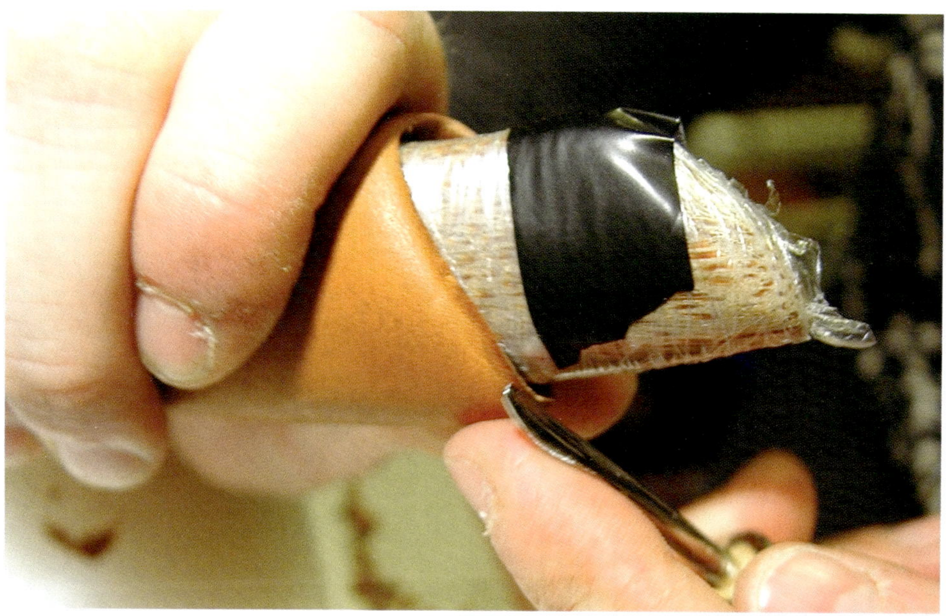

**Bearbeiten Sie die gesamte Abschlusskante auf diese Weise. Diesen Vorgang muss man während des Trocknungsprozesses einige Male wiederholen. Die Lederkante klappt nämlich immer wieder auf und muss dann erneut geformt werden.**

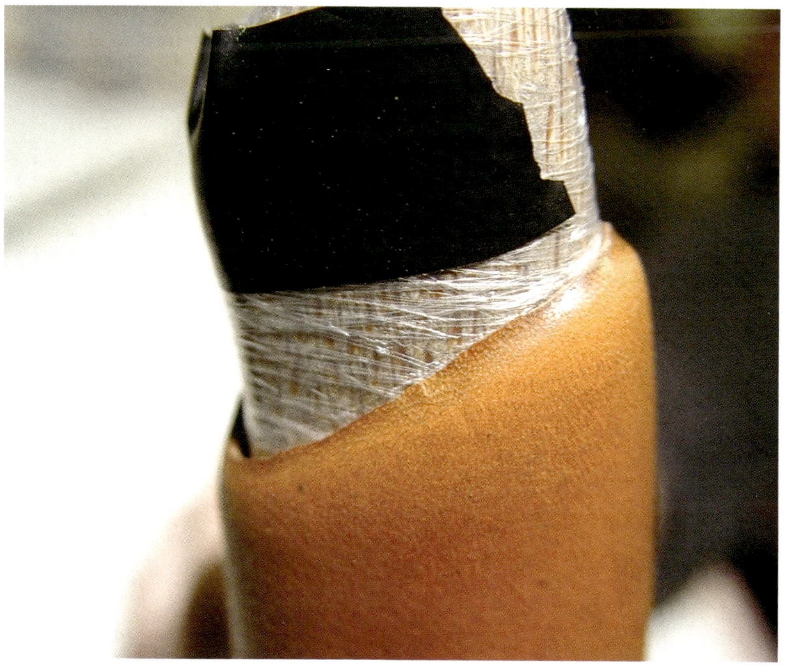

**Wie schön das Leder am Griff anliegt, lässt sich auf diesem Foto gut erkennen.**

# 10. Verdichten und Formen des Leders

Für den richtigen Sitz des Messers in der Scheide ist eine gründliche Anpassung des Leders an die Messerkonturen entscheidend.

**Jetzt widmen wir uns wieder der Naht, deren Kanten geformt und zusammengefügt werden müssen. Der folgende Arbeitsschritt muss einige Male wiederholt werden, damit das Endergebnis edel wirkt. Im Bild wird ein selbstgemachtes Kantenformwerkzeug aus Hirschhorn benutzt, um die Kanten des Nahtsaums zusammenzufügen. Mit leichtem Druck wird das Hornwerkzeug über die Nahtkanten geführt, die mit den Fingern zusammengepresst werden.**

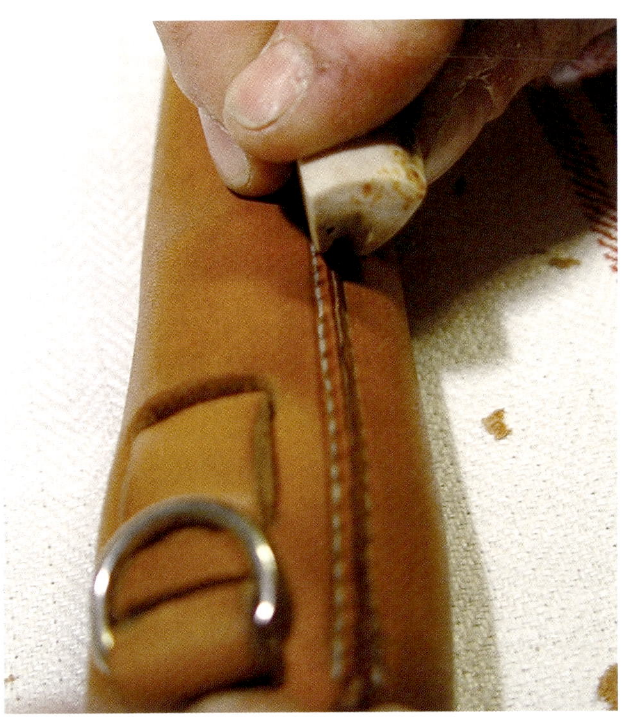

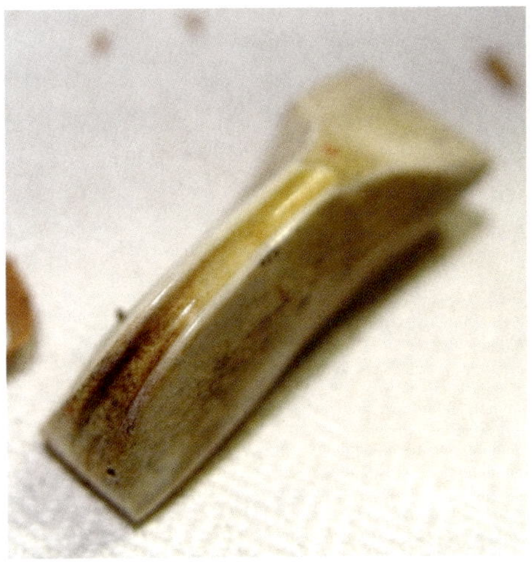

**Hier sieht man das Hornwerkzeug von unten, die Spitze liegt links. Auf der Unterseite ist eine wenige Millimeter tiefe und geglättete Kehle eingefeilt. Zur Spitze hin ist die Kehle etwas breiter, um die Naht schön „einfädeln" zu können. Zum Ende hin wird sie enger, um die Nahtkanten ordentlich zusammenzupressen. Je nach Stärke des Nahtsaums arbeitet man mit der Vorder- oder der Rückseite des Werkzeugs (das man sich auch aus Holz anfertigen oder als Glättholz fertig kaufen kann).**

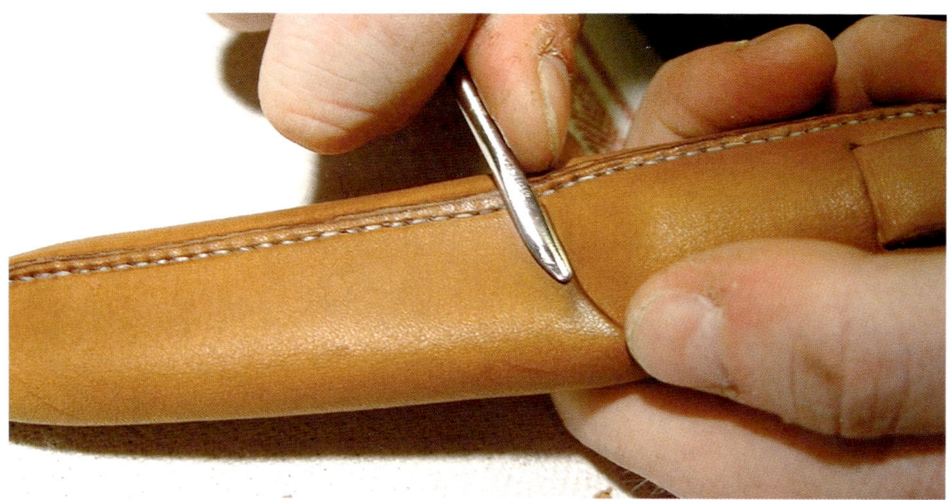

Jetzt wird der Anschlagspunkt des Messers ins Leder eingearbeitet und das übrige Leder geformt. Schon beim ersten In-die-Scheide-stecken des Messers kann man den Messerstopp eindrücken. Das Leder sollte in Richtung Messer komprimiert werden, damit es eng am Messer anliegt.

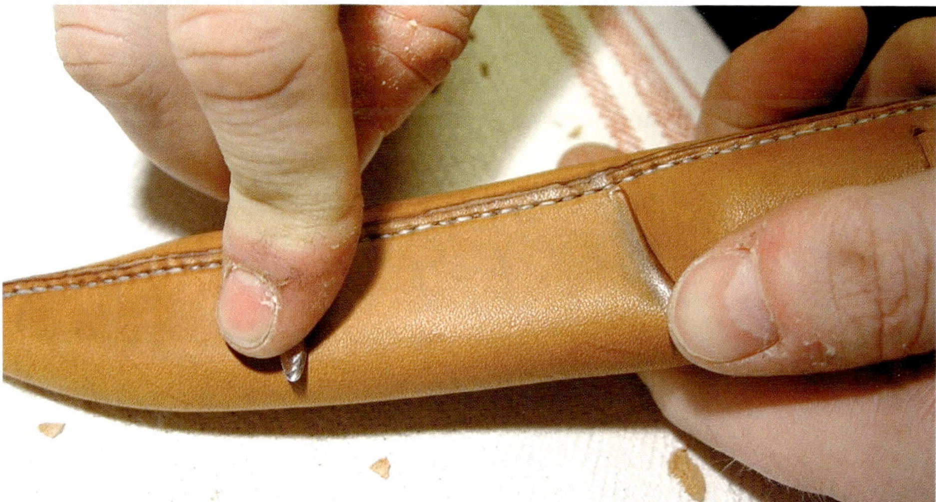

Glätten Sie das Leder mit dem Modellierwerkzeug oder einem anderen geeigneten Werkzeug. Drücken und streichen Sie das Leder auf der Rückseite nach außen in Richtung der Messerschneide. Bearbeiten Sie auch die Vorderseite mit dem Werkzeug. Mit dem Modellierwerkzeug streicht man immer nur in eine Richtung. Denn ist das Leder feucht, könnte die Oberfläche durch Hin- und Herstreichen beschädigt werden. Bei trockenerem Leder ist die Gefahr der Oberflächenbeschädigung nicht ganz so hoch.

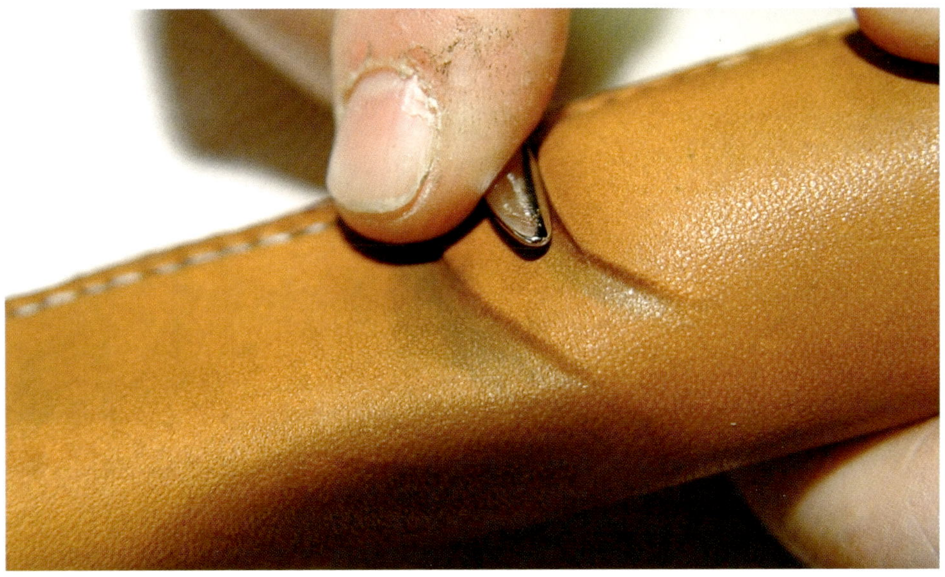

**Jetzt wird das Leder rund um den Halterungsriemen geformt. Bestens dafür geeignet ist der Löffel des Modellierwerkzeugs. Beginnen Sie im oberen Bereich neben dem D-Ring.**

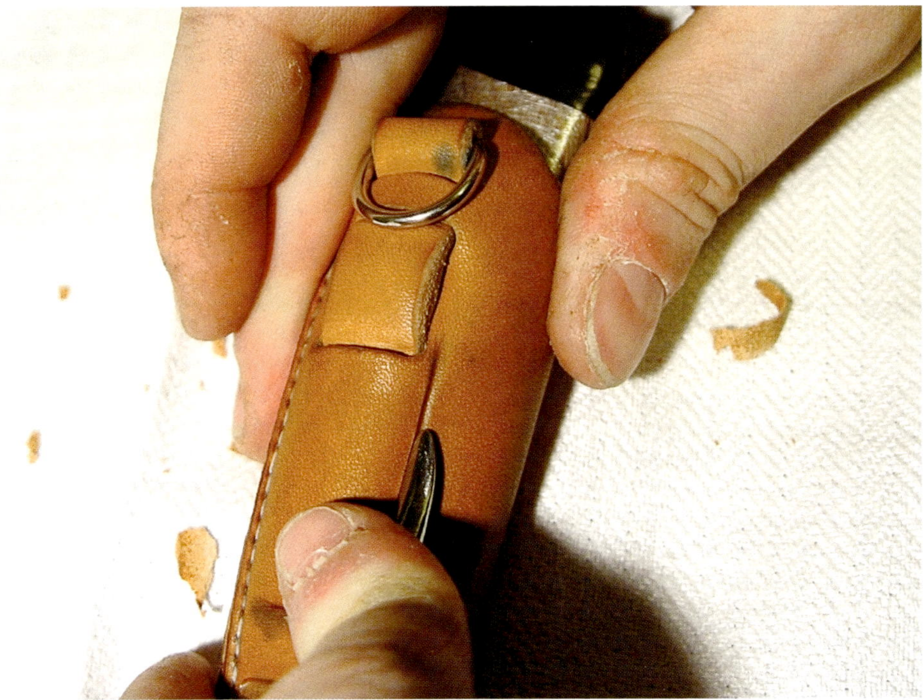

**Entlang der Seitenkanten des Riemens setzt man die Konturierung fort.**

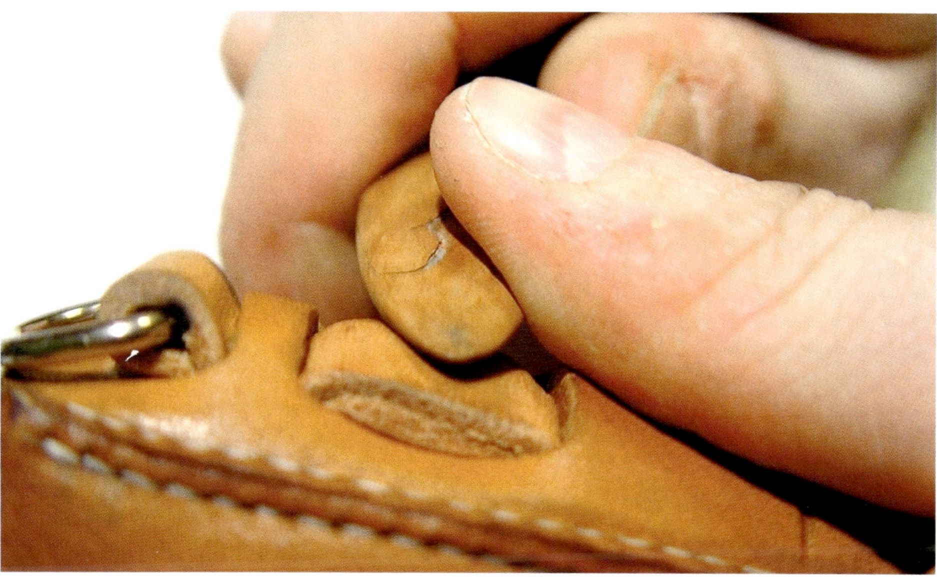

**Der zwischen dem zweiten und dritten Einschnitt verlaufende Riemen, der „Knebel", wird mit der flachen Seite des Glättholzes bearbeitet und komprimiert.**

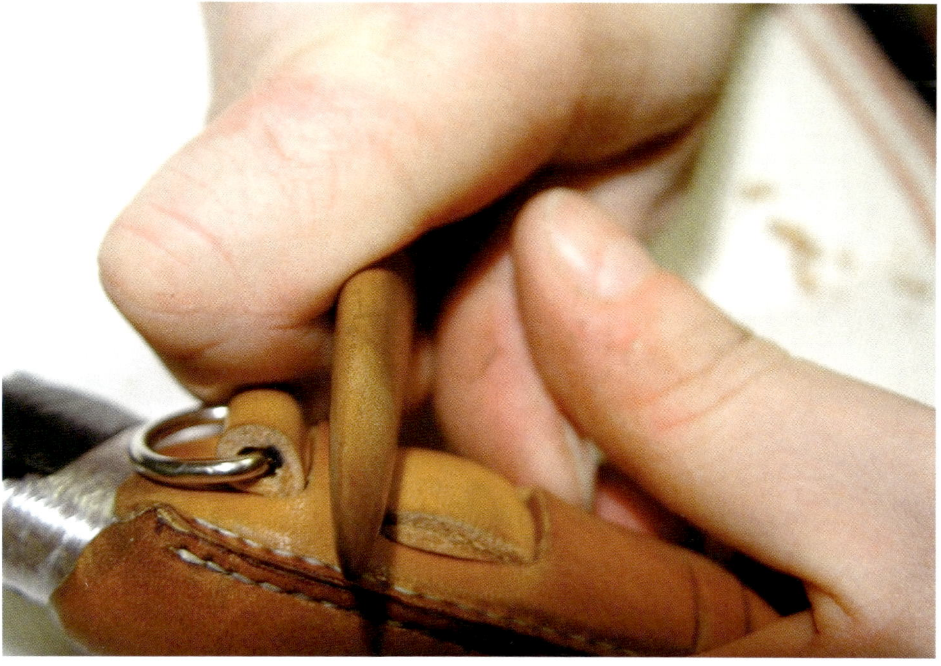

**Mit dem unteren schmalen Teil des Glättholzes wird der obere und untere Rand nach unten gedrückt.**

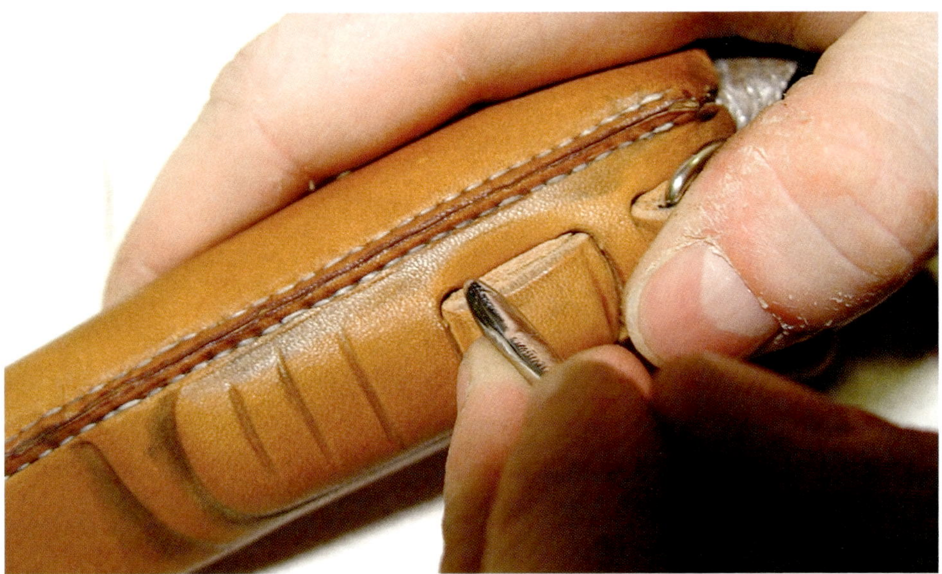

Die Seiten des Knebels werden mit dem Löffel des Modellierwerkzeugs nach unten gedrückt. Dabei schadet es gar nichts, wenn die Spitze des Löffels das Scheidenleder eindrückt. So bekommt man eine elegante Kontur rund um den Knebel.

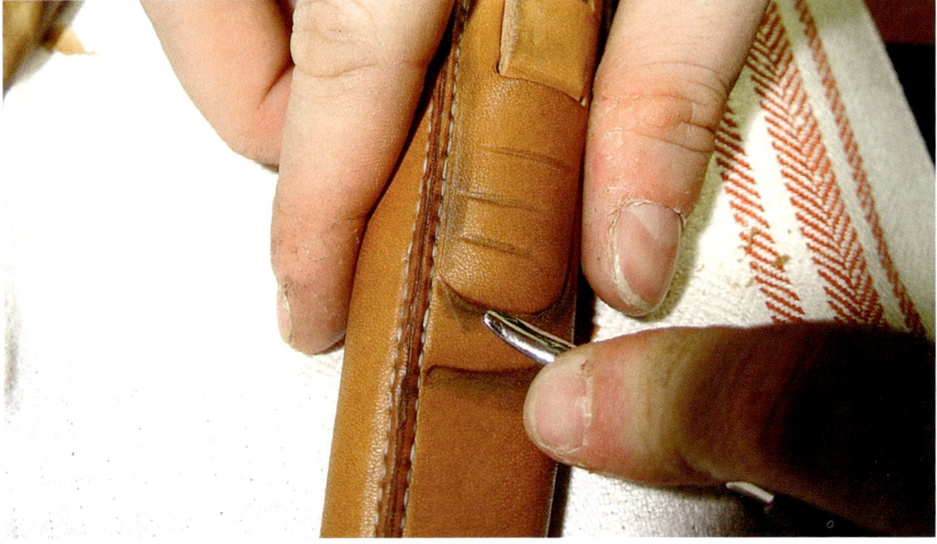

Fahren Sie mit der Bearbeitung des Leders rund um den Knebel und den innerhalb der Scheide verlaufenden Halterungsriemen fort. Wir konturieren hier die Unterkante bis zur Naht. Man kann das jedoch nach eigenem Belieben auch anders machen, hier gibt es viele Möglichkeiten.

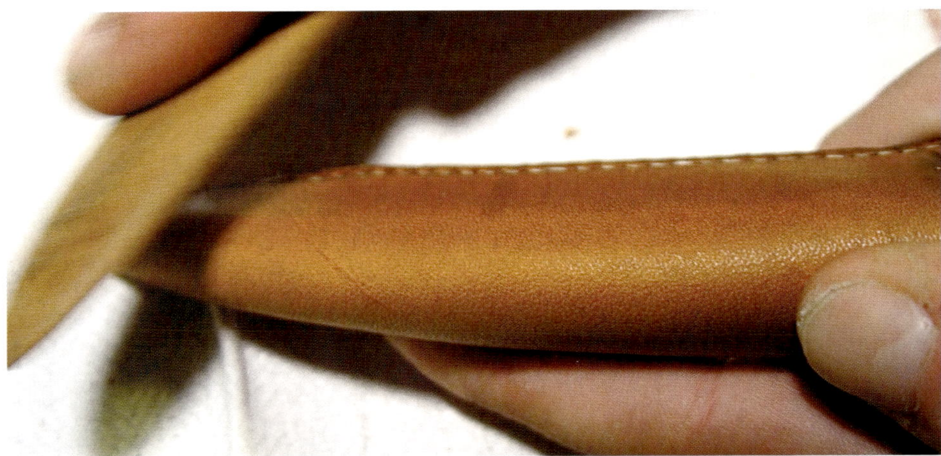

Der Rest der Scheide wird im Folgenden immer wieder mit dem Glättholz bearbeitet und komprimiert. Denken Sie dabei daran, das Leder immer nur in eine Richtung und immer auf die selbe Art und Weise zu streichen. Andernfalls riskiert man Beschädigungen der Lederoberfläche. Ist das Leder nach einigen Stunden trockener, kann man es auch in beiden Richtungen bearbeiten. Dieses Formen des Leders muss etliche Male wiederholt werden.

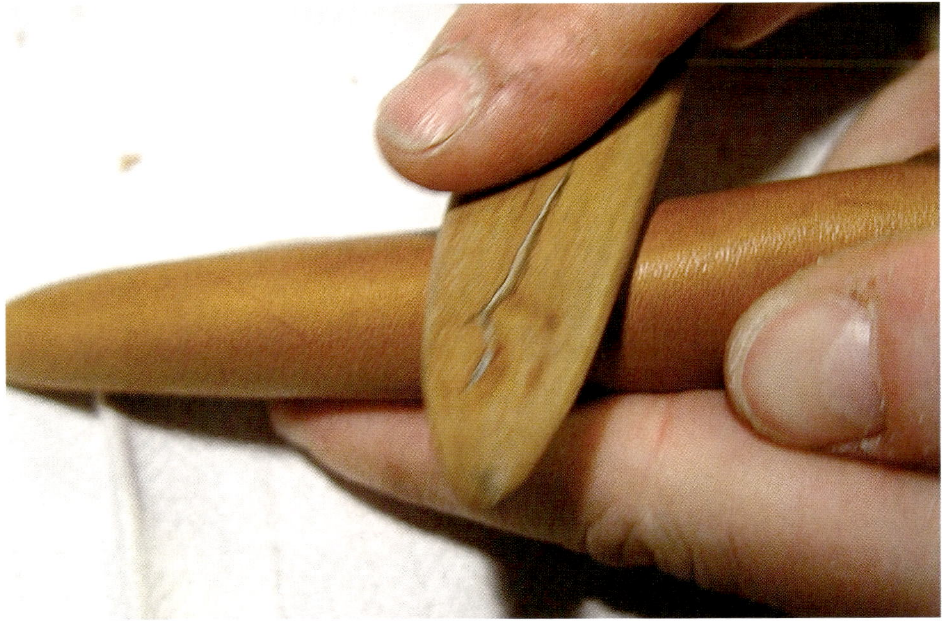

Auch die Scheidenrückseite muss mehrfach geglättet und geformt werden.
Deren Behandlung hat großen Einfluss auf die spätere Form und das Aussehen.

# 11. Verzierung der Scheide

Nun muss man sich entscheiden, ob die Scheide dekoriert werden soll oder nicht. Eine blanke, undekorierte Scheide kann oft die beste Wahl sein. Die Form des Messers, das Ausmaß der Griffverzierungen, die Optik der verwendeten Materialien und andere Eigenschaften reichen häufig schon völlig aus, um die Scheide zu schmücken.

Auch das Einprägen der Konturen ist häufig schon Schmuck genug. Man kann jedoch auch ein aufwändigeres Motiv anbringen.

Bei unserer Beispielscheide haben wir uns entschlossen, eine Eidechse zu modellieren. Die einzelnen Arbeitsschritte werden nachvollziehbar beschrieben, so dass man die grundlegende Technik später auch für ganz andere Motive nutzen kann. Für die allererste Scheide ist diese Arbeit allerdings vermutlich etwas zu kompliziert.

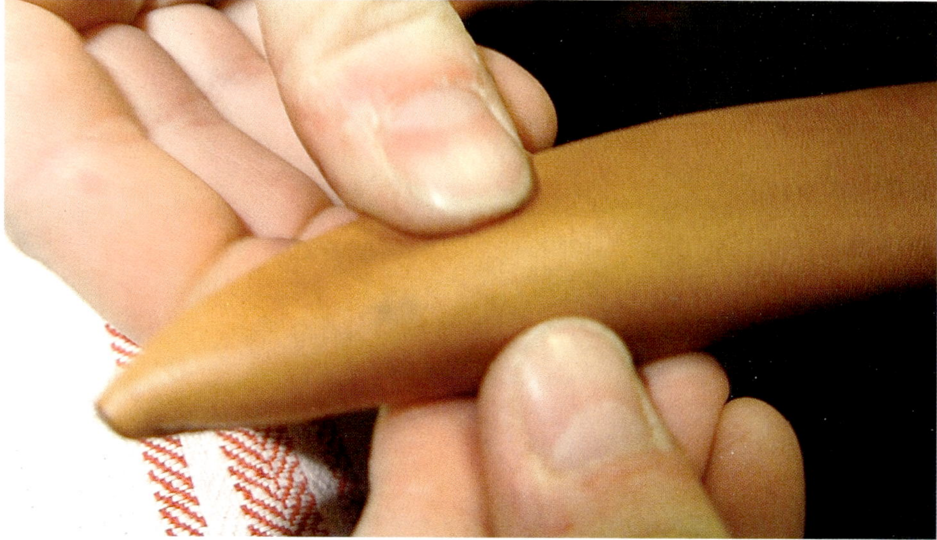

**Will man auf der Vorderseite der Scheide ein großes Motiv anbringen, muss hier zuvor extrem viel Material aufgebaut werden. Die Scheide wird wie im Bild zwischen die Finger genommen. Durch Drücken und Schieben mit den Daumen wird das Leder auf der Mitte der Vorderseite „aufgetürmt". Die gleiche Methode kann man auch anwenden, wenn man die Scheide zu groß gemacht hat.**

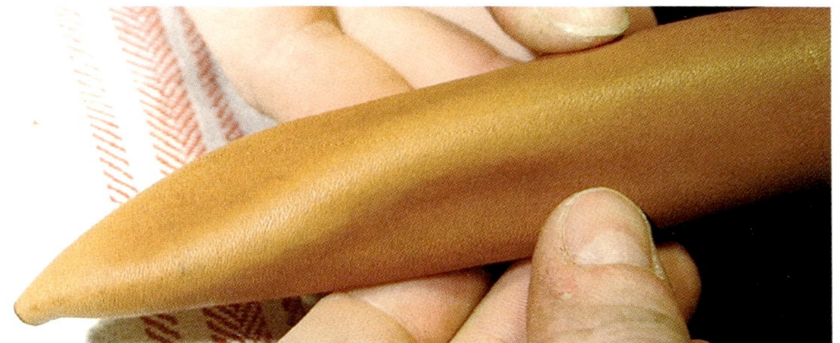

**Das macht man so lange, bis man über die gesamte Motivlänge genügend Leder aufgebaut hat.**

**Mit Unterstützung des Modellierlöffels kann das Leder auf der Vorderseite noch stärker verschoben und aufgebaut werden.**

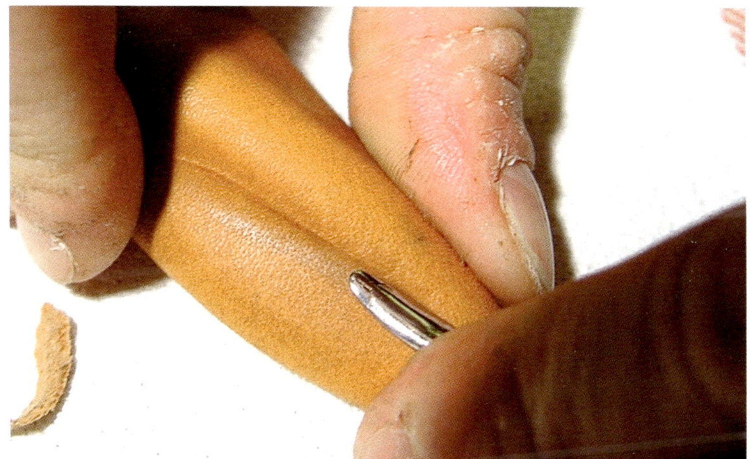

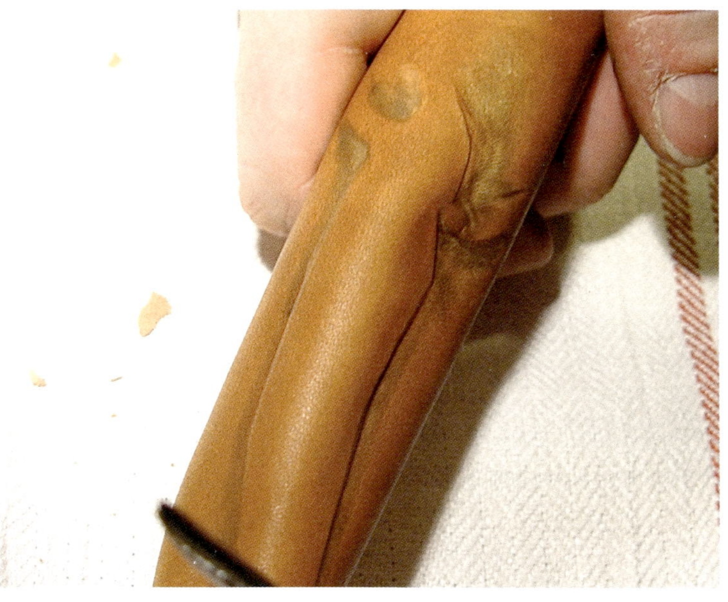

**Die Eidechse nimmt – noch kaum erkennbar – langsam Form an.**

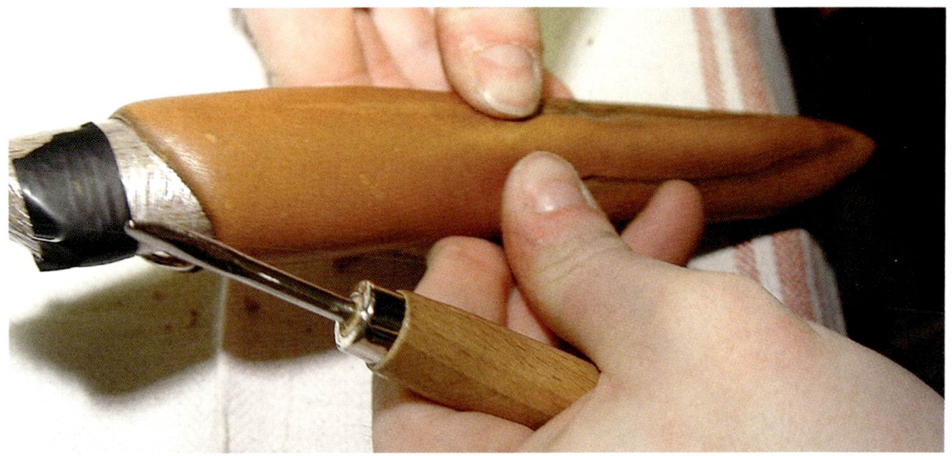

**Um genügend Material zum Modellieren zur Verfügung zu haben, muss man das Leder immer wieder zur Vorderseite schieben.**

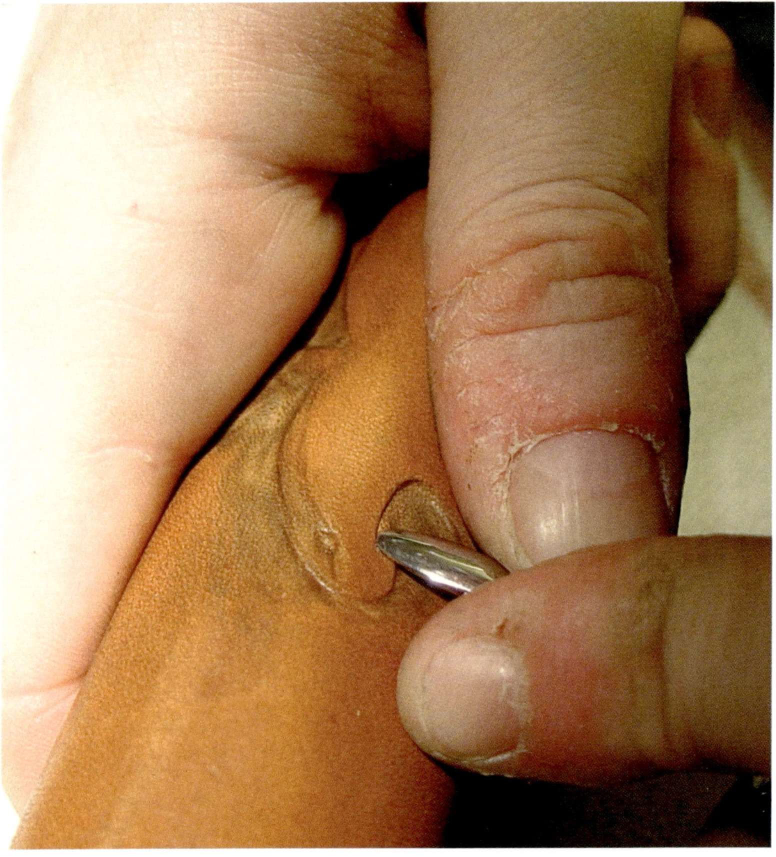

**Der Kopf der Eidechse wird geformt. Mit dem Daumen kann man die Scheide sichern und gleichzeitig das Leder verschieben.**

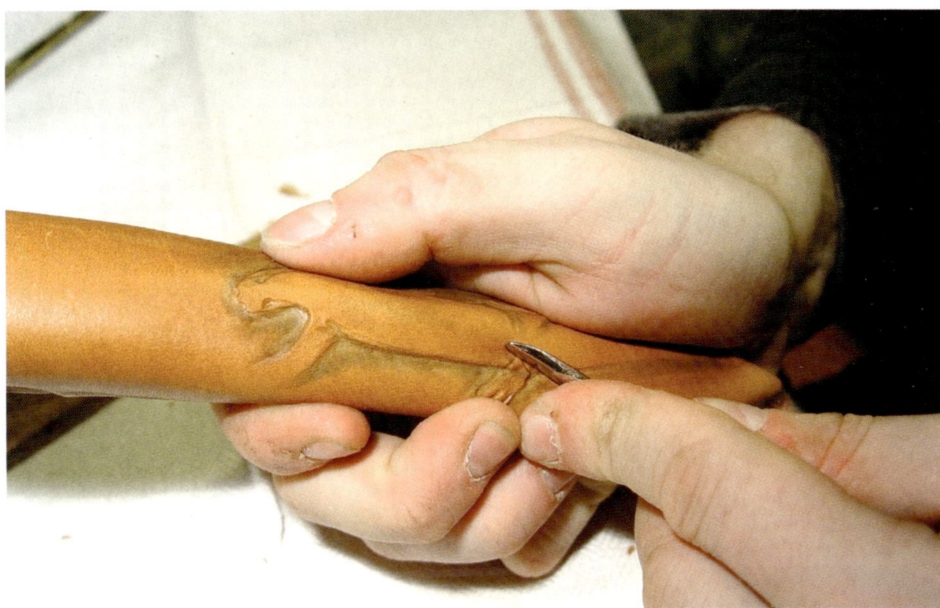

**Die Beine werden vorsichtig ausgearbeitet.**

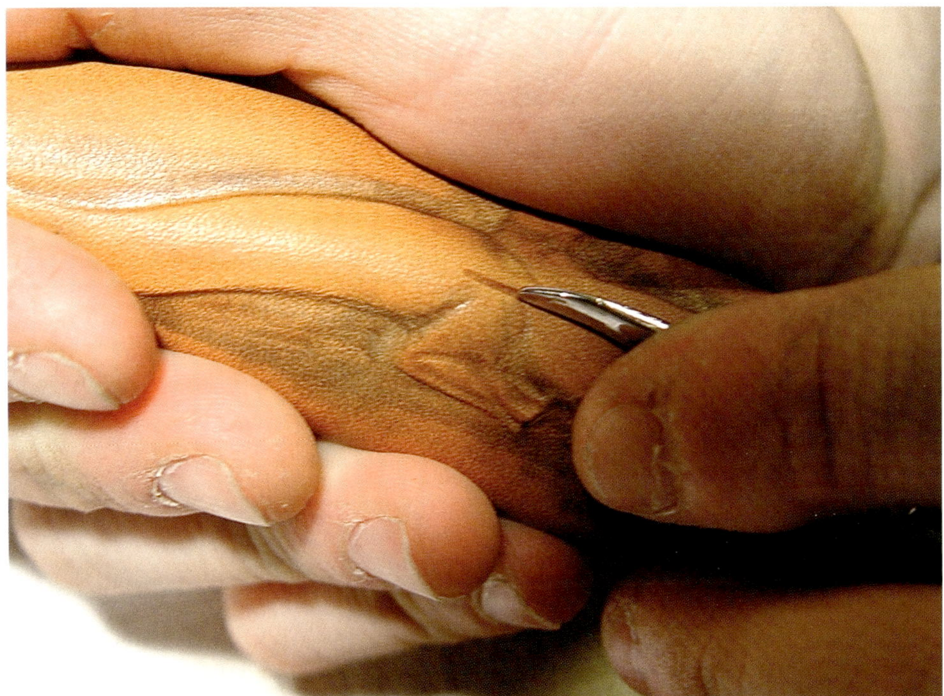

**Hier modelliert Thomas Löfgren die Rückenmittellinie der Eidechse.**

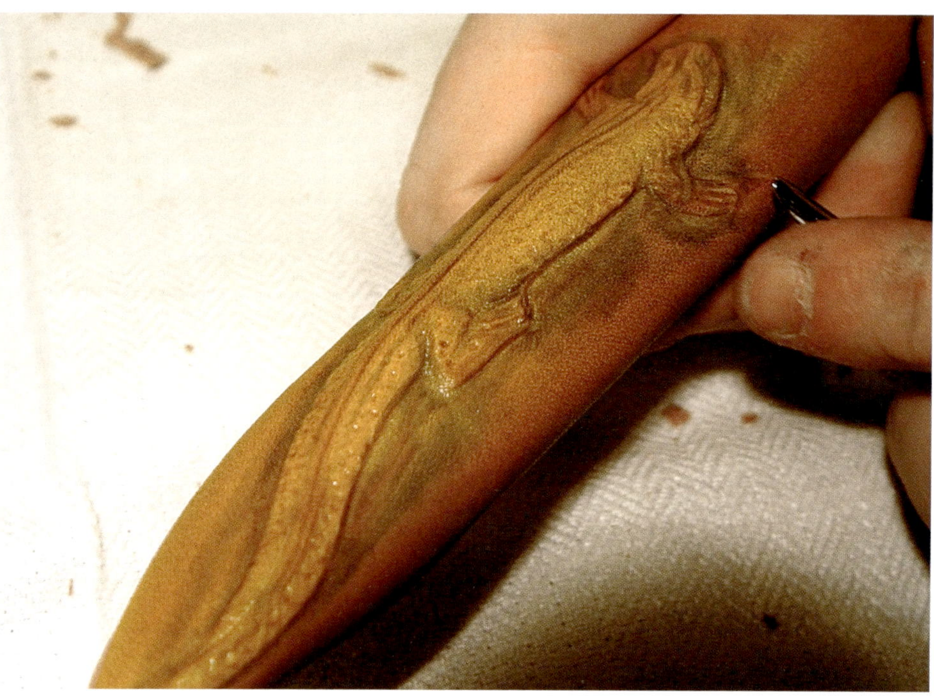

**Hat man die Körperoberfläche schließlich strukturiert, ist die Eidechse fertig geformt. Die Benutzung des Modellierwerkzeugs hinterlässt bestimmt einige Schrammen im Leder. Durch erneutes Einweichen des Leders quillt die Außenschicht aber wieder auf und kann mit dem Glättholz in Form gestrichen werden.**

**Jetzt ist es noch einmal an der Zeit, die Nahtkanten mit dem Werkzeug zu komprimieren. Mit Hilfe des nach außen geschwungenen Löffels des Modellierwerkzeugs wird der Nahtverlauf auf beiden Seiten bearbeitet. Fährt man – zunächst mit nur leichtem Druck, später stärker – die Naht entlang, drückt man sie ins Leder.**

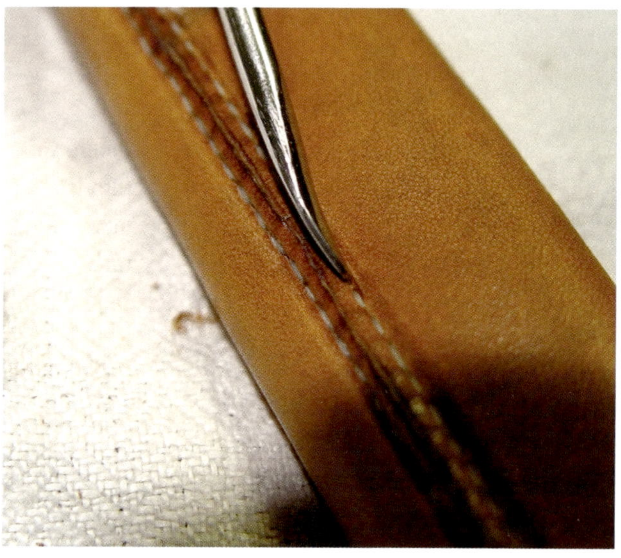

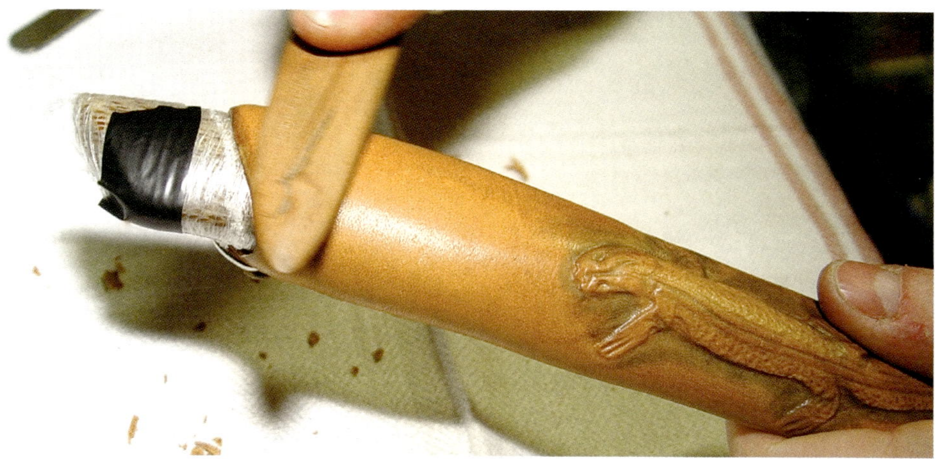

**Anschließend wird das Leder der Scheide mit dem Glättholz noch einmal verdichtet. Während die Scheide einen Tag lang trocknet, muss das Leder immer wieder in Form gestrichen werden. Diese Mühe zahlt sich aus: Die Scheide wird dadurch schön und bekommt eine samtartige, weiche und glatte Oberfläche.**

## 12. Anfertigung der Gürtelschlaufe

Um die Scheide auch tragen zu können, fehlt uns nun noch eine Schlaufe für den Gürtel. Sie wird am D-Ring der Scheide befestigt.

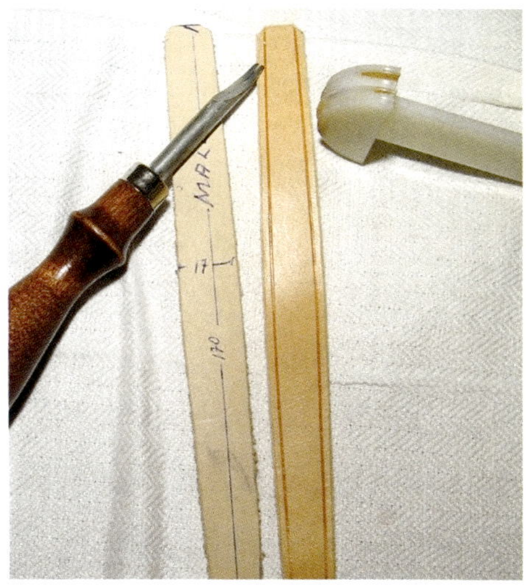

**Unsere Gürtelschlaufe für die D-Ring-Halterung ist 17 Millimeter breit und 170 Millimeter lang. Die Länge und Breite hängt natürlich von der Form des Messers und der Scheide ab. Mit dem Werkzeug aus Kunststoff (rechts im Bild) markieren wir die beiden Verzierungslinien an der Schlaufenseite. Das andere Werkzeug ist ein Kantenbrecher, mit dem man die beiden Schnittkanten an der Lederschlaufe sauber abschrägen kann.**

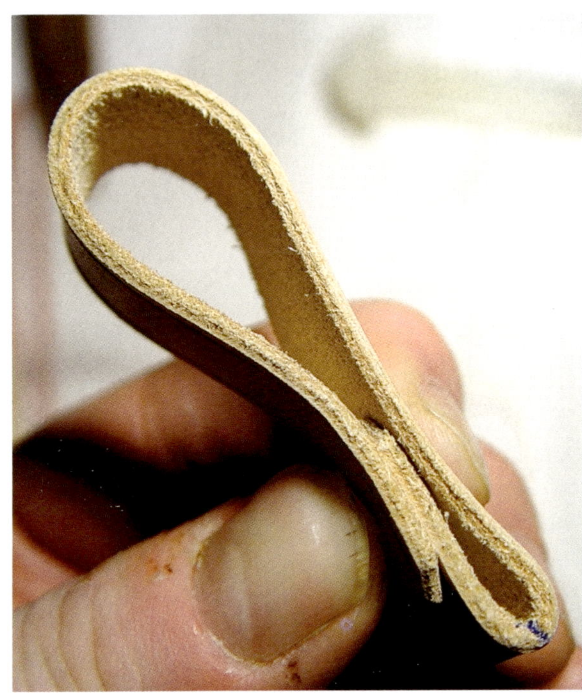

**Die Arbeit mit dem Kantenbrecher wirkt sich positiv auf das Erscheinungsbild der Gürtelschlaufe aus. Jetzt formen wir die Schlaufe. Der D-Ring kommt nach unten. Wo Daumen und Zeigefinger die Schlaufe zusammenpressen, wird sie später vernietet. Oberhalb der Nietverbindung muss die Schlaufe mindestens 4,5 Zentimeter Durchmesser haben (werden breitere Gürtel getragen, muss die Schlaufe entsprechend breiter werden). In der unteren Beugung wird eine Markierung angebracht.**

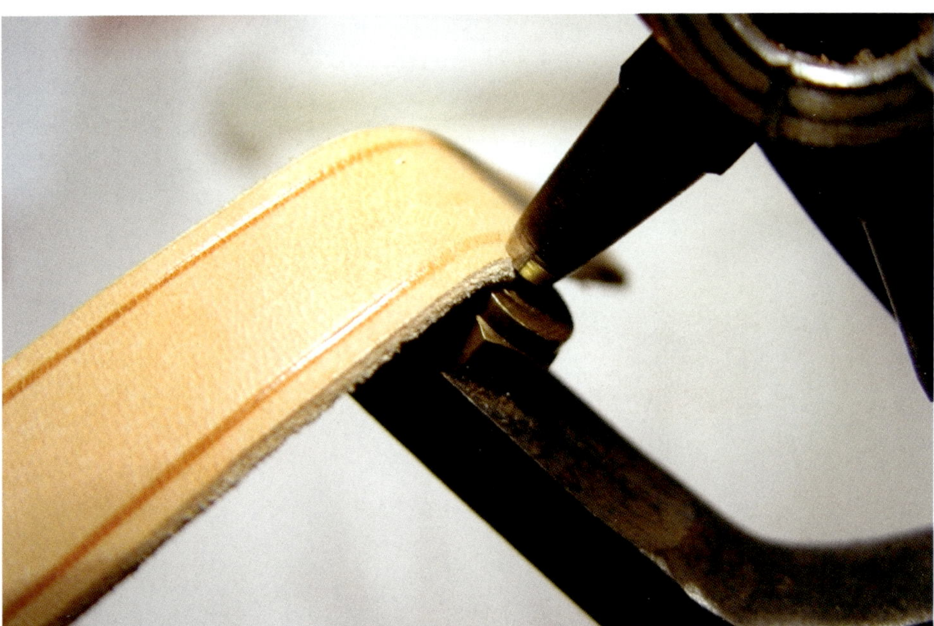

**Nun setzen wir eine Revolverlochzange auf die angebrachte Markierung. Die Lochpfeife sollte die Dekorationslinie gerade noch berühren. Dann drücken wir ein Loch hinein.**

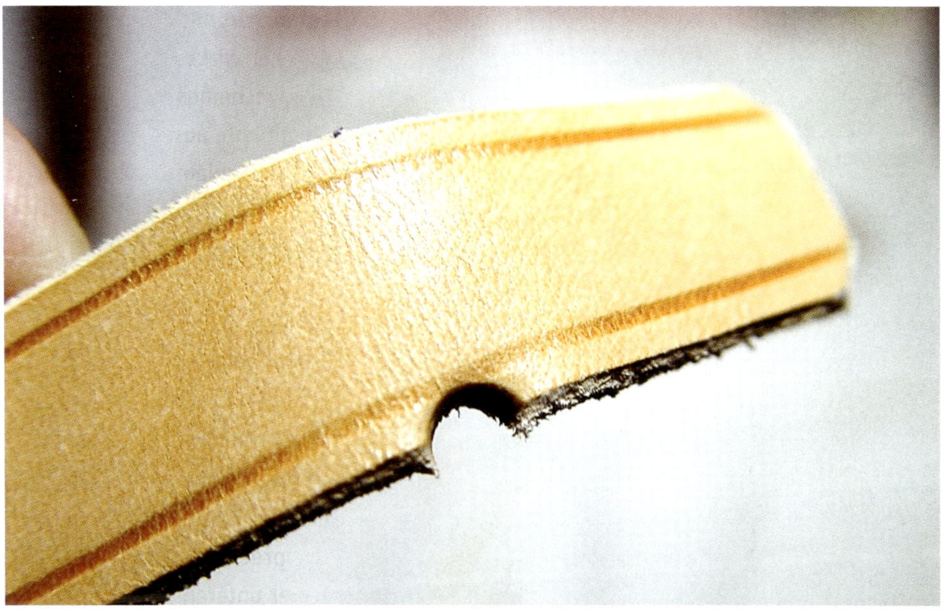

**Hier erkennt man das ausgestanzte Halbloch sehr gut.**

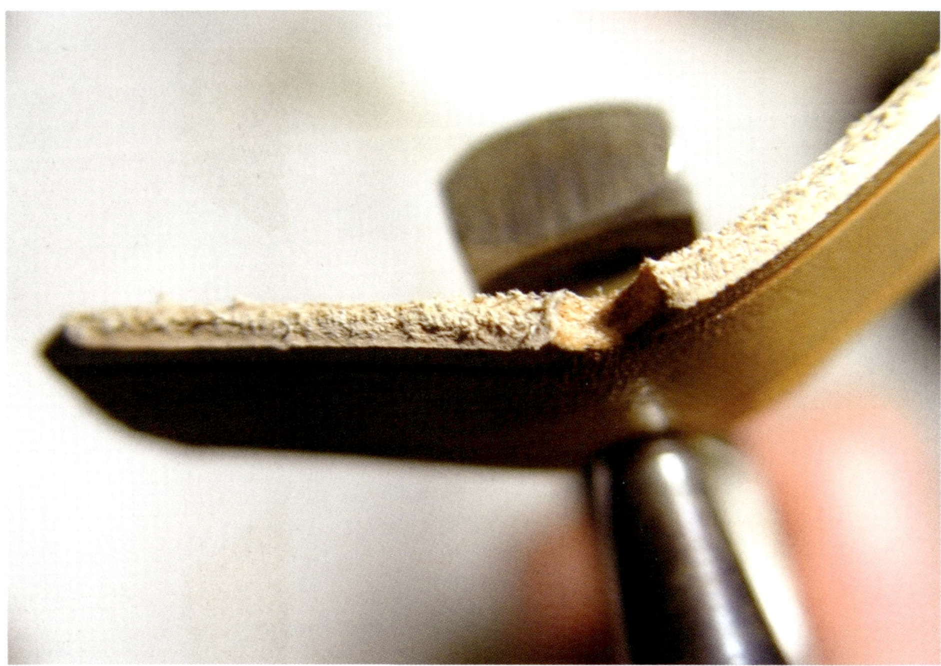

**Dann wird die gegenüberliegende Seite auf die gleiche Weise ausgestanzt. Beide Stanzlöcher liegen auf einer Höhe.**

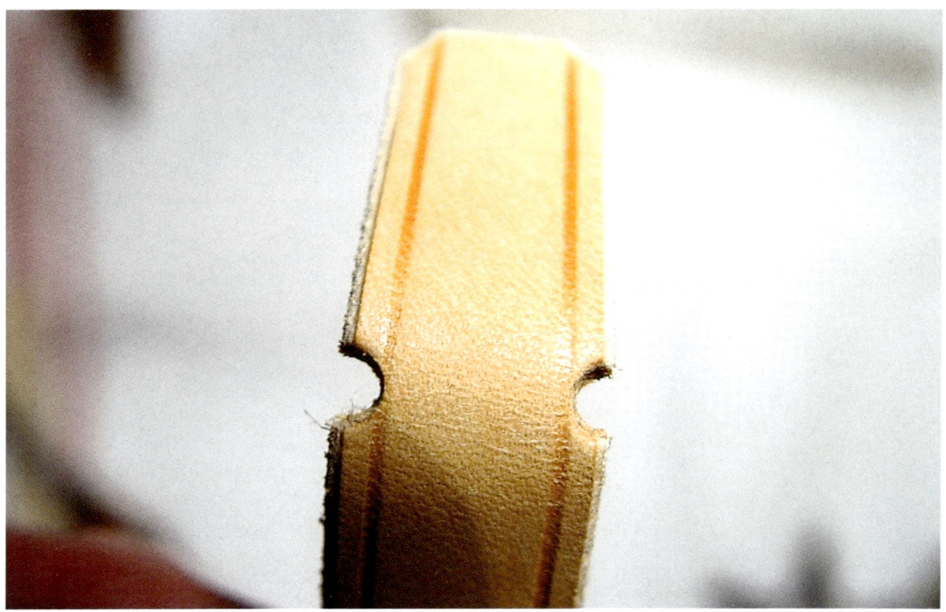

**So sollte das Resultat aussehen. Beide Halblöcher müssen auf gleicher Höhe liegen.**

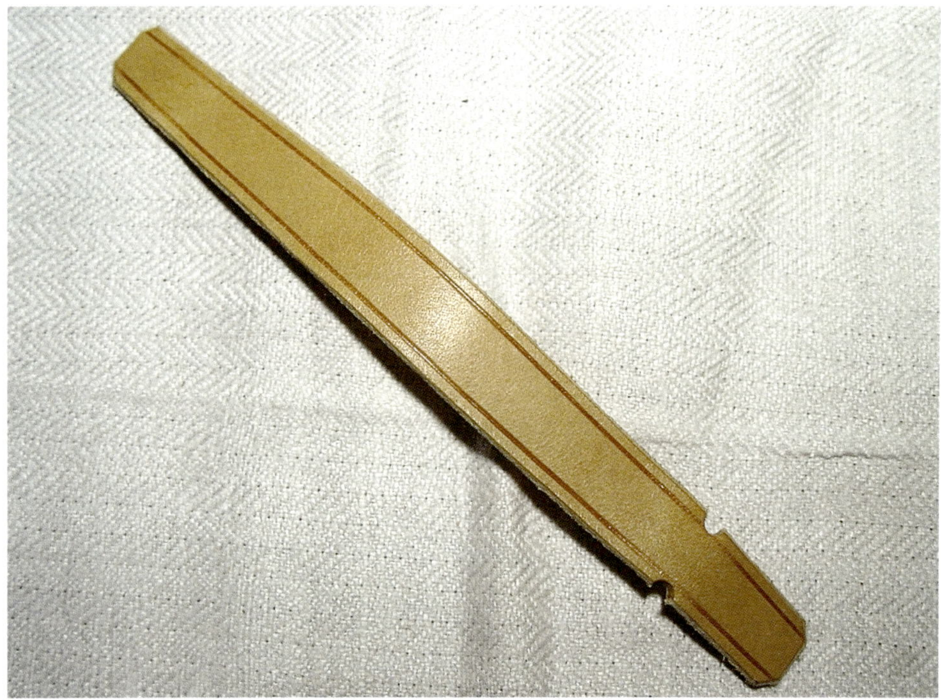

**Jetzt können wir die Gürtelschlaufe und die Scheide gemeinsam einfärben.**

# 13. Färben der Scheide

Damit unsere Scheide ein edles Dunkelbraun bekommt, muss sie eingefärbt werden. Zusätzlich verleihen wir ihr ein spezielles Antikfinish.

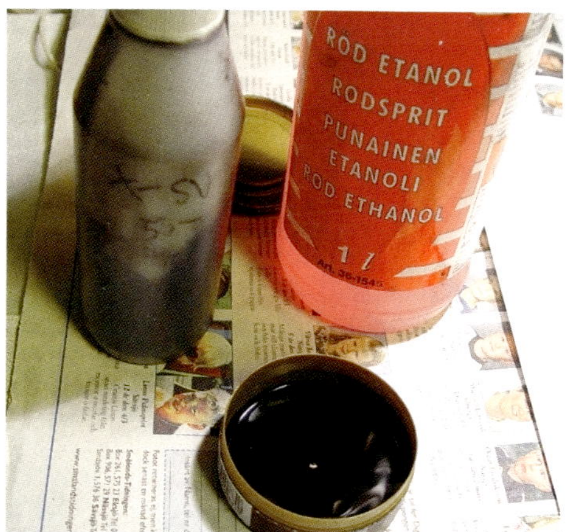


Am einfachsten lässt sich die Scheide färben, so lange sie noch nicht ganz trocken ist. Durchgetrocknetes Leder nimmt die Farbe oft nicht gleichmäßig auf, was zu Farbunterschieden führt. Ein Trick, um eine gleichmäßige Färbung zu erreichen, besteht darin, das Färbemittel stark mit denaturiertem Ethylalkohol (oder Spiritus) zu verdünnen. Durch mehrfache Behandlungen des Leders mit dem verdünnten Färbemittel wird die Färbung einheitlich.

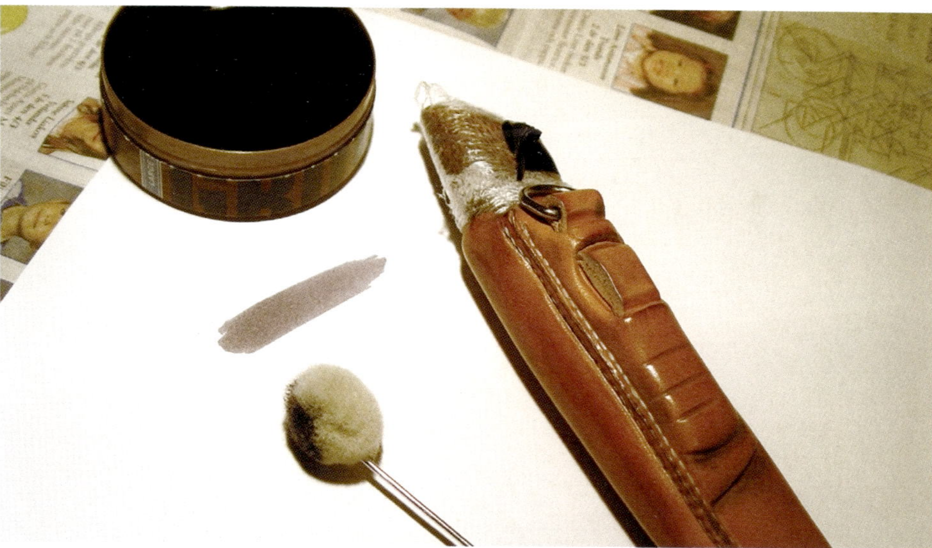

Wir verdünnen schwarzes Färbemittel mit Alkohol in einer Plastikschale. Wie man anhand der Probefärbung auf dem Papier erkennen kann, ergibt die Mischung einen grauen Farbton. Beim Färben der Scheide sollte man im Hinterkopf behalten, dass sich der Farbton etwas aufhellt, wenn das Leder trocken ist. Aufgetragen wird das Färbemittel mit einer Bürste oder einem Baumwollbausch.

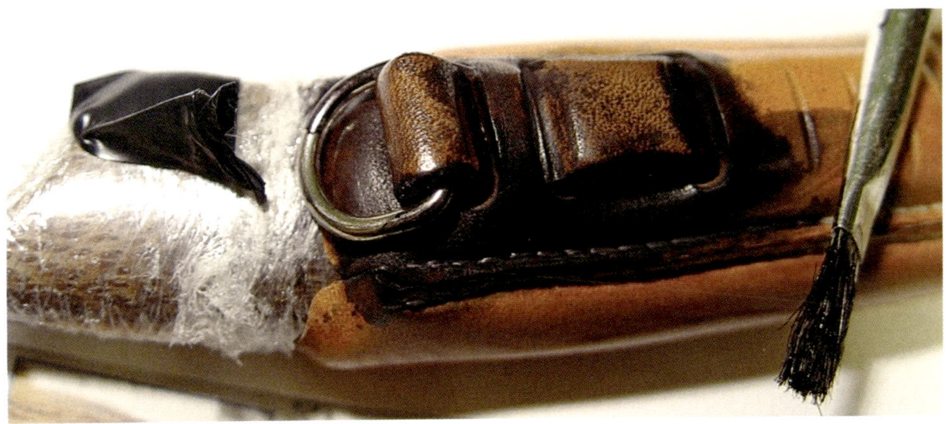

Beginnen Sie mit dem Färben auf der Rückseite. Färben Sie zunächst den Knebel und die umliegenden Regionen ein. Der D-Ring und der obere Teil der Schlaufe wird angehoben, damit auch das darunter liegende Leder gründlich eingefärbt werden kann. Auch die Naht wird gut mit dem Färbemittel bestrichen. Die anderen Teile der Scheide werden anschließend mit dem verdünnten Färbemittel behandelt. Tragen Sie es so oft auf, bis der gewünschte Farbton hergestellt ist.

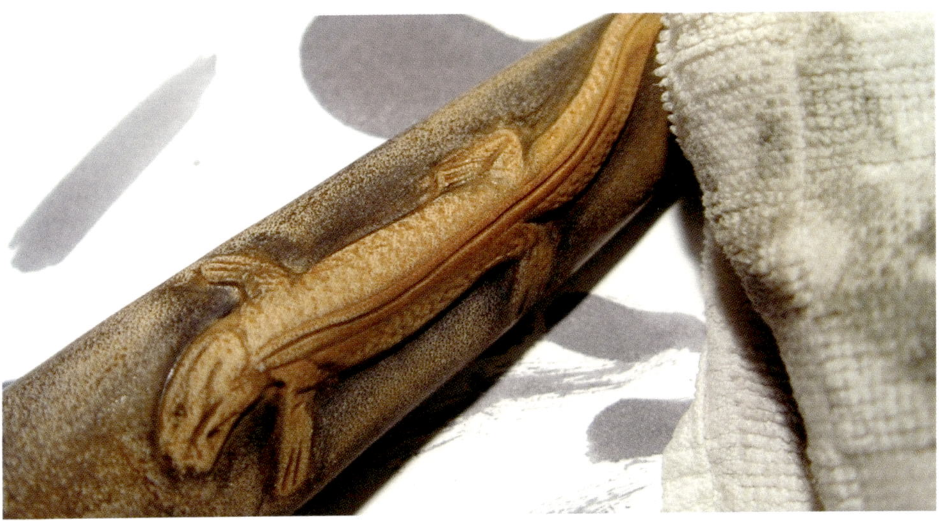

Das Leder kann auch mit einem mit Alkohol getränkten Tuch eingerieben und befeuchtet werden. Das vereinheitlicht den Farbton. Soll die Scheide nur einen einzigen Farbton aufweisen, ist an dieser Stelle Schluss. Lassen Sie die Scheide dann einfach trocknen.
Im Bild ist zu erkennen, wie man das Leder durch Bearbeiten mit dem Alkohol-getränkten Lappen aufhellt. Die Rückseite und der obere vordere Teil der Scheide werden nicht damit behandelt. Die Eidechse ist nicht gefärbt.

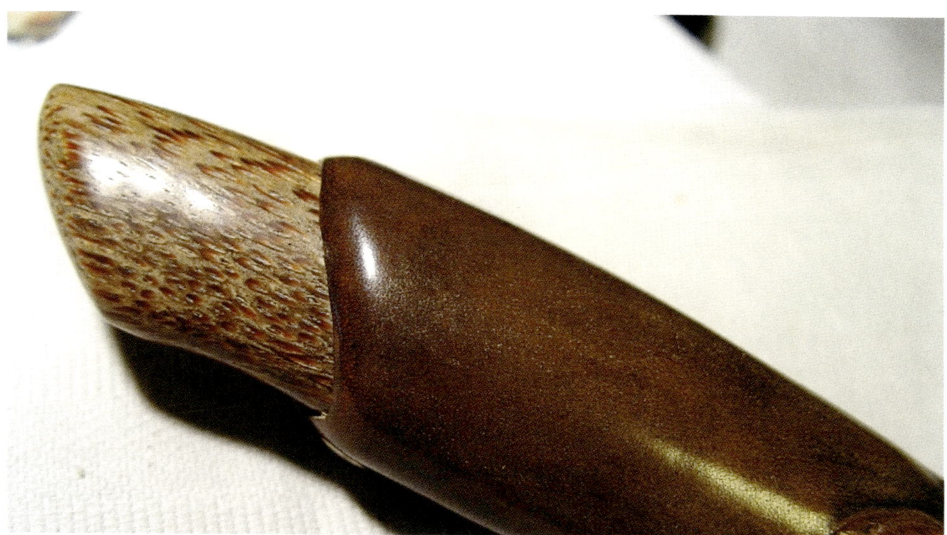

Da die obere Frontseite nicht mit dem Alkohol-getränkten Lappen bearbeitet wurde, bleibt sie wesentlich dunkler.

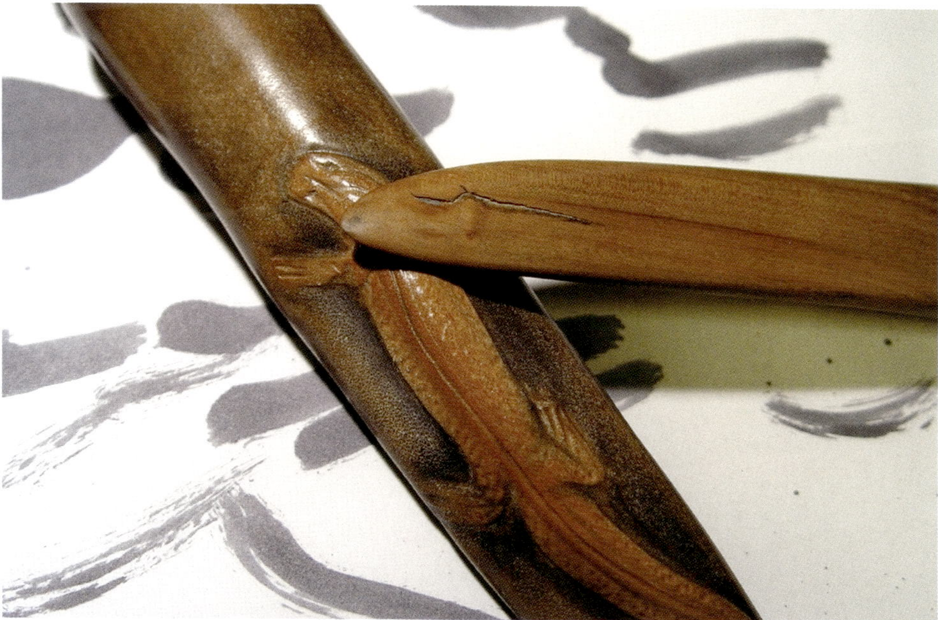

Nach fünf bis zehn Minuten können Sie das Leder mit einem weichen Tuch kräftig abreiben. Mit dem Modellierwerkzeug wird das Leder im Anschluss erneut komprimiert und geformt. Zuvor aufgehelltes Leder wird durch diese Behandlung wieder etwas dunkler. Soll der Farbton hell bleiben, wiederholen Sie die Alkoholbehandlung einfach nochmal.

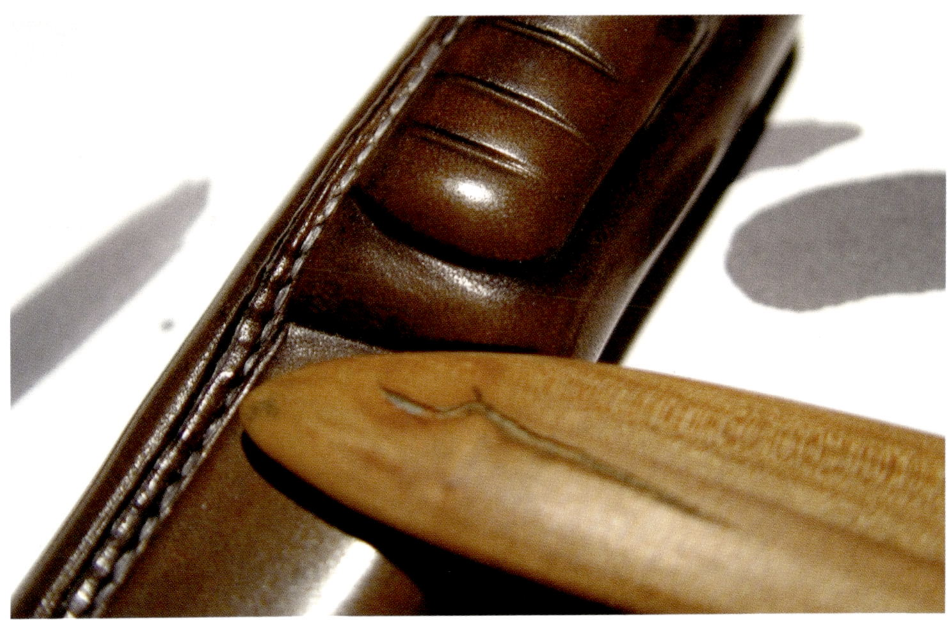

Da sich das Leder während des Färbens vollsaugt und ausdehnt, wird die komplette Scheide im Anschluss wieder komprimiert und in Form gebracht.

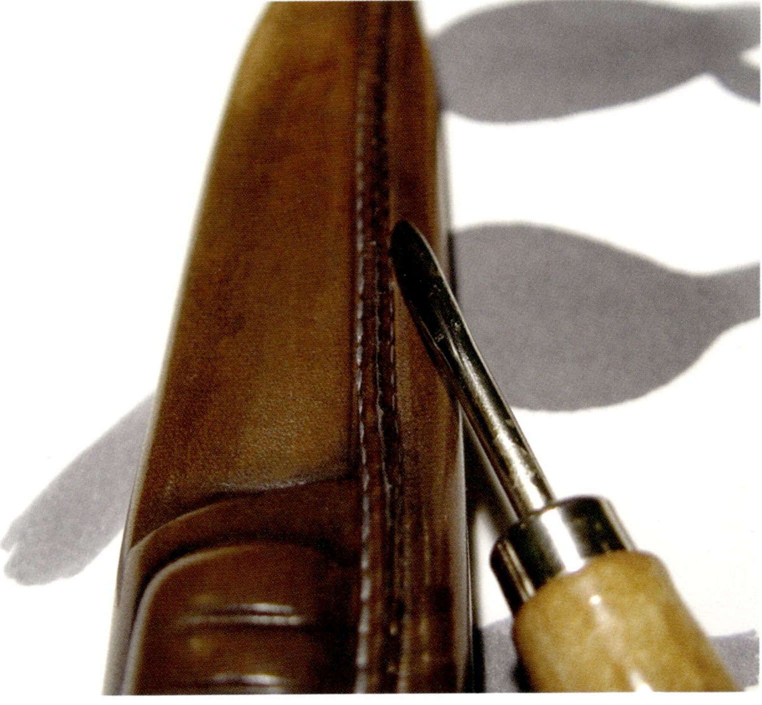

Vergessen Sie nicht, beide Seiten der Naht mit dem Modellierwerkzeug zu bearbeiten.

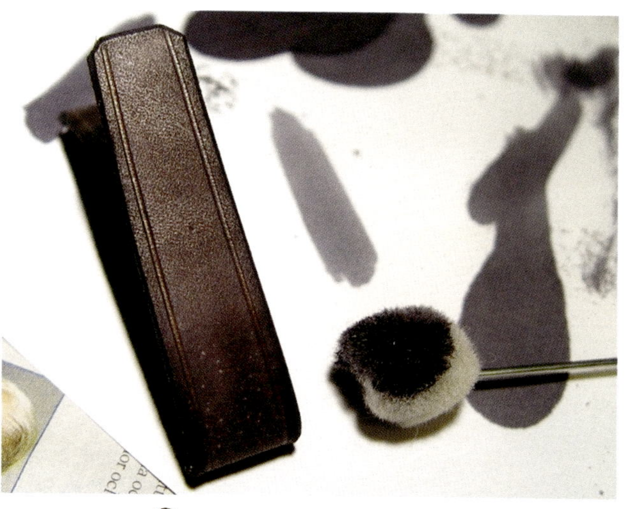

**Die Gürtelschlaufe kann mit der selben Mischung aus Färbemittel und Alkohol gefärbt werden. Sie sollten jedoch daran denken, dass das Schlaufenleder sehr schnell einen tieferen Farbton annimmt, da es trocken ist und mehr Färbemittel aufnimmt. Durch eine stärkere Verdünnung des Färbemittels kann man dem vorbeugen.**

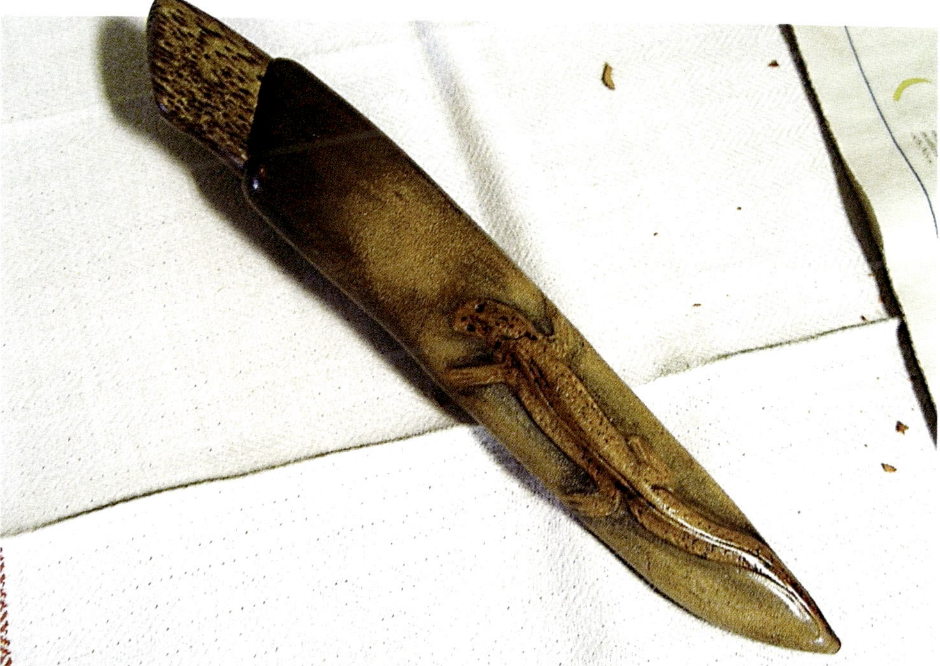

**Lassen Sie die Scheide 24 Stunden lang trocken. Damit sie so gut wie das Exemplar im Bild aussieht, sollte die Scheide während dieser Zeit immer wieder in Form gebracht und komprimiert werden. Anschließend kann die Scheide durch ein Färbe-Muster noch etwas feiner ausgearbeitet werden. Diese Technik kann auch auf einheitlich gefärbten oder naturbelassenen Scheiden angewandt werden. In unserem Beispiel werden nur die aufgehellten Stellen nachgefärbt.**

Um ein Netzmuster aufzutragen, benutzt man einen Gummischwamm, wie er früher zum Befeuchten von Briefmarken benutzt wurde. Mit einem Baumwollbausch benetzt man Teile des Gummischwamms mit dem Färbemittel. Dann presst man den Schwamm auf einer Zeitung wieder aus, damit er später nicht zu viel Farbe abgibt. Denn zu viel Farbe hinterlässt hässliche Flecken auf dem Leder. Zu wenig Farbe hingegen bringt nicht das gewünschte Muster. Man muss das zuvor testen, um ein Gefühl für die richtige Menge zu entwickeln.

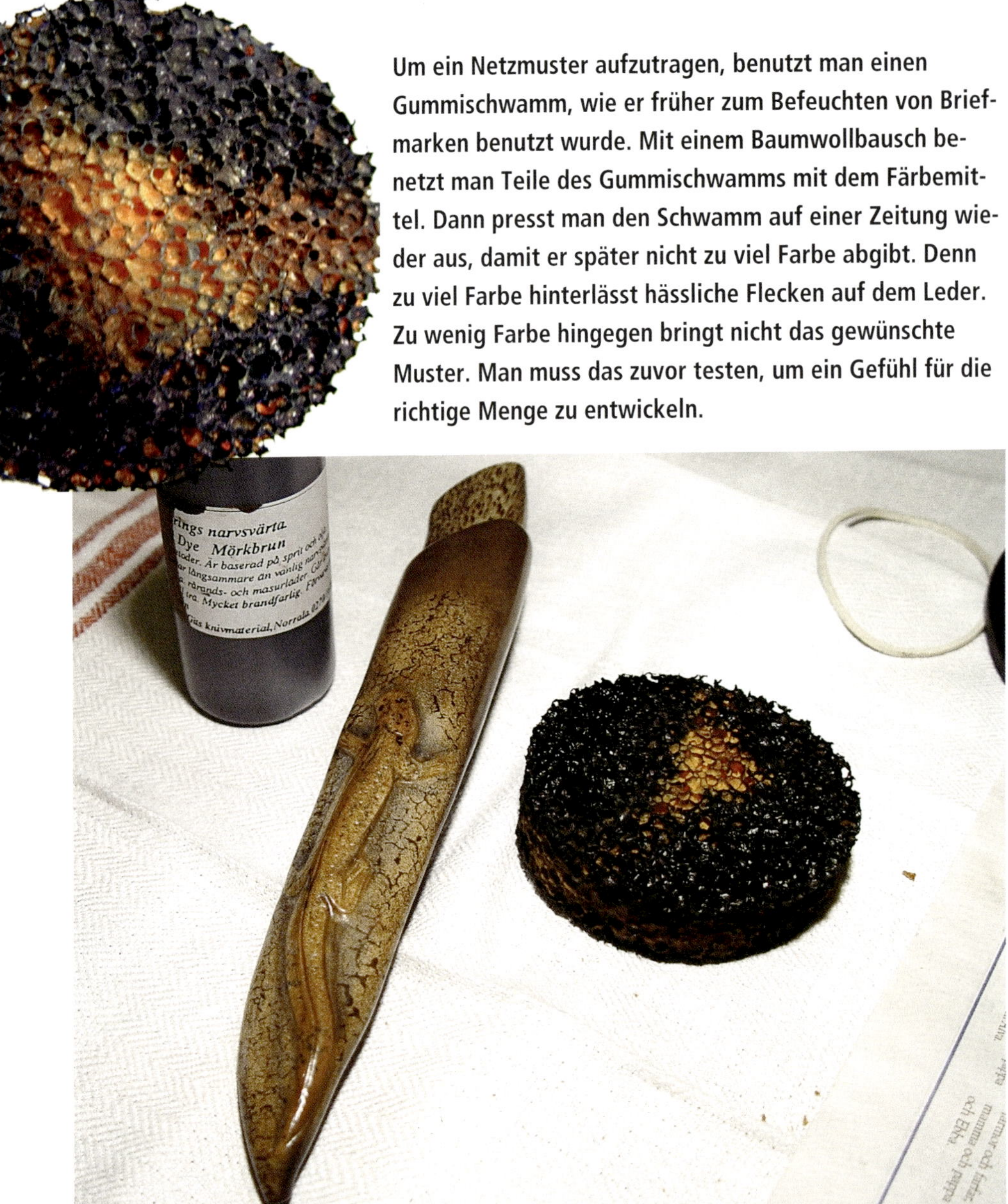


Um das Muster aufzutragen, sollte man ölhaltiges Färbemittel benutzen. Da es nicht so schnell vom Leder aufgesaugt wird, hinterlässt es ein schöneres Muster. Wollen Sie unterschiedliche Farben auftragen, beginnen Sie mit dem hellsten Farbton und schließen den Färbevorgang mit der dunkelsten Farbe ab. Tragen Sie das Färbemittel mit gleichmäßigem Druck auf. Durch das Auftragen verschiedenfarbiger Schichten bekommt das Muster eine gewisse Tiefe.

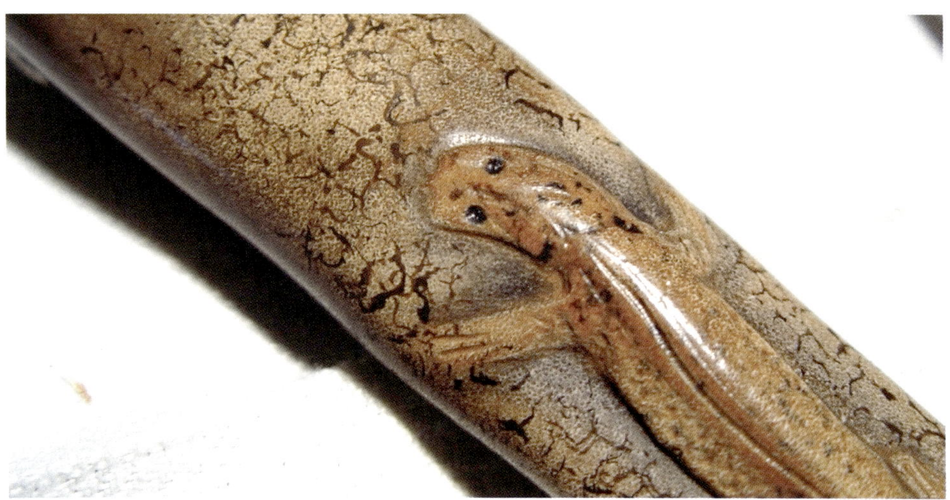

**Diese Scheide haben wir mit zwei verschiedenen Brauntönen gefärbt. Da die ölhaltige Farbe nur langsam trocknet, sollte die Scheide 24 Stunden lang nicht bearbeitet werden und ruhen. Danach reibt man sie vorsichtig mit einem weichen Tuch ab. Jetzt kann man gut erkennen, ob die Scheide noch abfärbt. Es ist gut möglich, dass die Scheide noch etwas Farbe abgibt, da das ölhaltige Färbemittel nicht so stark aufgenommen wird wie gewöhnliche Lederfarbe. Nach diesem Test wird die Oberfläche mit einem Tuch abgerubbelt und vorsichtig mit dem Modellierwerkzeug bearbeitet. Benutzen Sie ruhig auch eine Schuhputzbürste.**

## 14. Oberflächenbehandlung und Montage der Gürtelschlaufe

Erst nachdem die Scheide zwei bis drei Tage lang Zeit hatte zu trocknen, nimmt man das Messer aus der Scheide. Es ist gut möglich, dass sich das Leder beim Trocknen so stark zusammengezogen hat, dass das Messer feststeckt. Falls das der Fall ist, wird das Endstück des Griffs in eine Schraubzwinge gespannt. Um Kratzer und Macken zu vermeiden, umwickelt man den Griff zuvor mit einem starken Stück Leder. Ist der Messergriff fest eingespannt, zieht man mit beiden Händen fest an der Scheide und rüttelt dabei leicht. Ist das Messer draußen, befreit man es vom Zellophan und Papier. Jetzt lässt man die Scheide mit dem eingesteckten Messer für weitere 24 Stunden trocknen. Falls die Scheide zu groß sein sollte, lässt man sie bis zu 24 Stunden trocknen – allerdings ohne Messer. Nach einigen Stunden sollte man den Sitz des Messers erneut überprüfen.

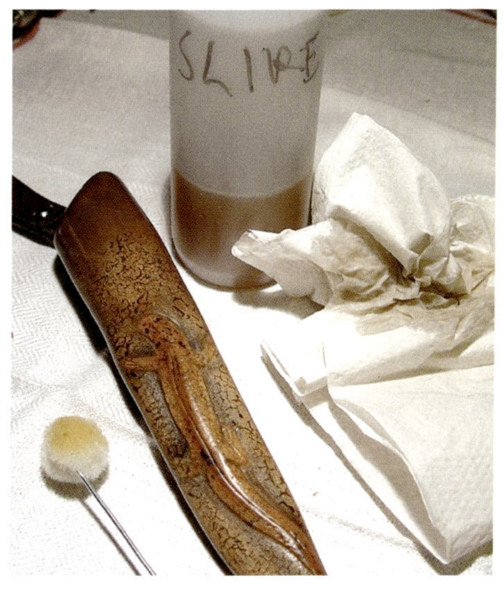

Bevor wir zur abschließenden Oberflächenbehandlung kommen, wird das Leder noch ein letztes Mal komprimiert und poliert. Die Oberflächenbehandlung dient dazu, einen schönen Glanz zu erzeugen und die Farbe im Leder zu versiegeln, so dass die Scheide beim Tragen nicht abfärbt. Wir empfehlen „Fiebings Leather Sheen" (zum Beispiel bei www.lederhaus.de zu beziehen). Sprühen Sie das Mittel aus einem Abstand von 20 bis 30 Zentimeter in einer dünnen Schicht auf. Ist die erste Lage getrocknet, wird sie mit einem Tuch ins Leder eingerieben. Mehrmals wiederholen.

Beginnen Sie auf der Rückseite mit dem Knebel und den umliegenden Lederflächen. Auch die Gürtelschlaufe wird so behandelt. Sprühen Sie dünne Schichten auf. Stellen, die Sie beim ersten Mal nicht erwischt haben, werden im zweiten Sprühgang benetzt. Bis die Oberfläche getrocknet ist, darf man sie nicht berühren. Insgesamt bringt man drei bis fünf Schichten auf.

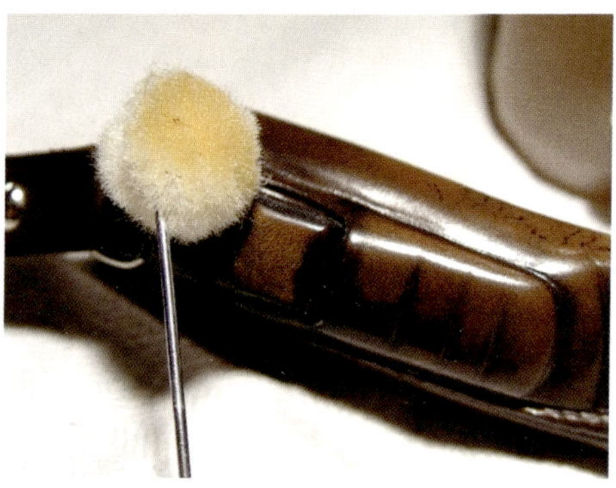

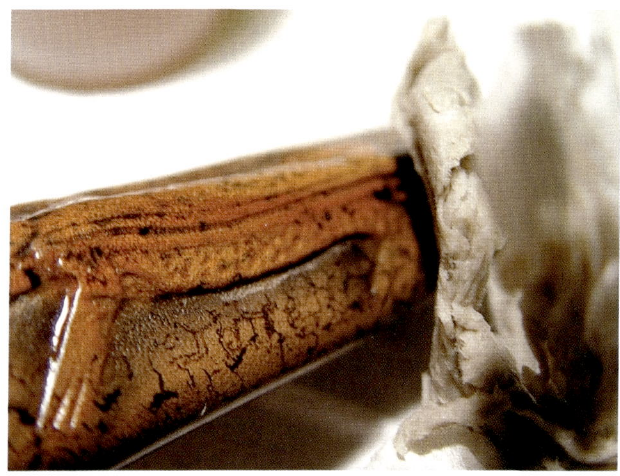

Anstelle des Sprays kann man auch andere Mittel benutzen. In Skandinavien wird zum Beispiel häufig ein Mittel benutzt, das „slireblank" heißt und mit einem Baumwollbausch, einer Bürste oder nassem Papier aufgetragen wird. Die Anwendung ist etwas aufwändiger, bringt aber sehr gute Resultate.

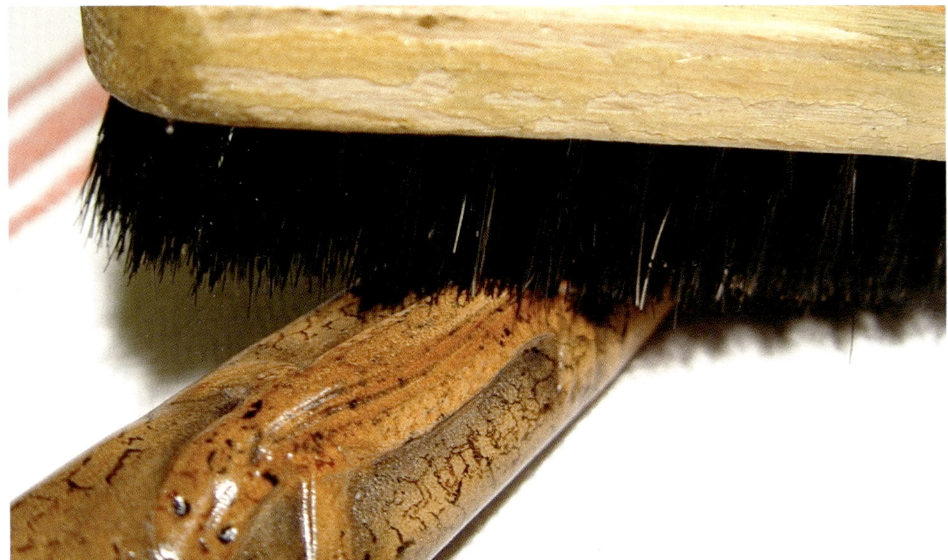

Nachdem die Scheide trocken ist, poliert und bürstet man sie.

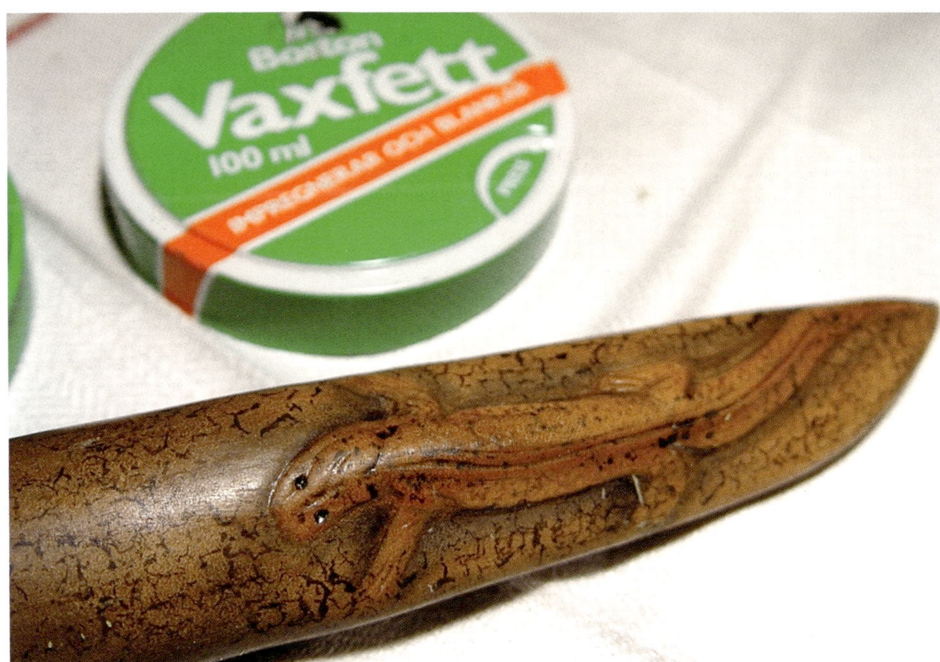


Wenn die Lederoberfläche schön schimmert, bringt man etwas Schuhwachs oder neutrales Schuhpflegemittel auf, das man mit einem Tuch und einer Schuhbürste einreibt. Auch die Gürtelschlaufe wird mit dem Wachs poliert.

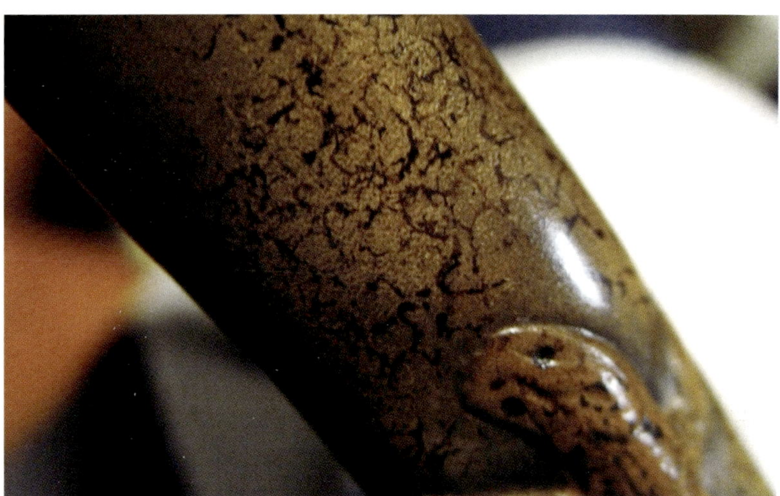

**Wie man gut im Bild erkennen kann, lässt sich das Ergebnis sehen. Die glänzende Oberfläche verstärkt die Struktur des Ledermusters.**

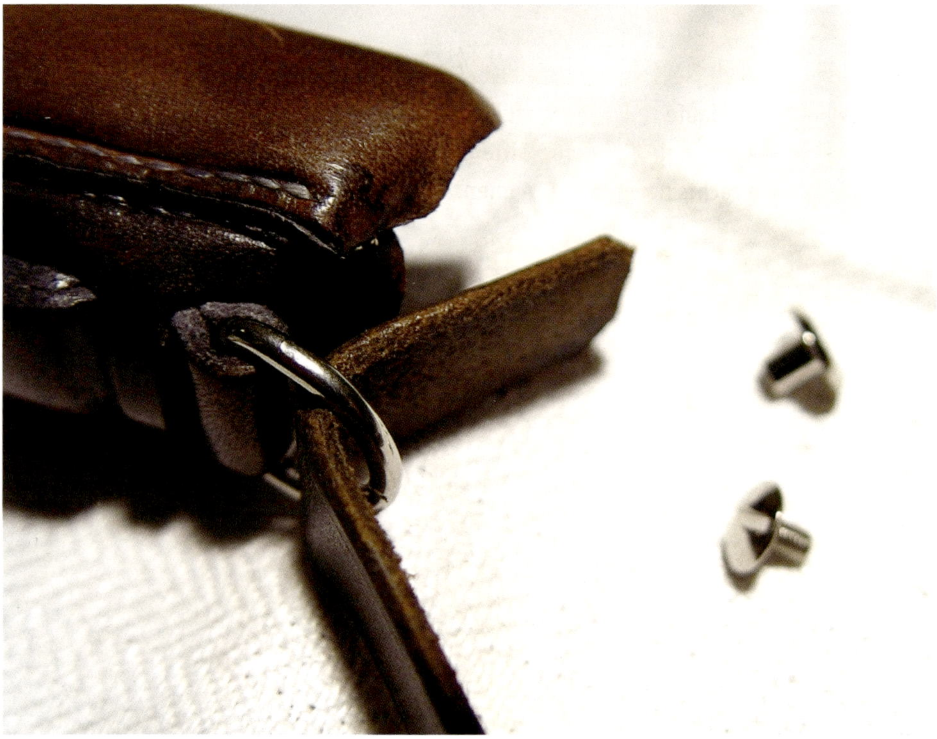

**Jetzt wird die Gürtelschlaufe mit dem D-Ring verbunden. Der kürzere Teil der Schlaufe wird durch den D-Ring geführt. Wir verbinden die Schlaufe mit einem Schraub-Niet. Er besteht aus zwei Teilen, die zusammengeschraubt werden. Der Teil mit dem Schlitz für den Schraubendreher wird auf der Rückseite der Schlaufe angebracht.**

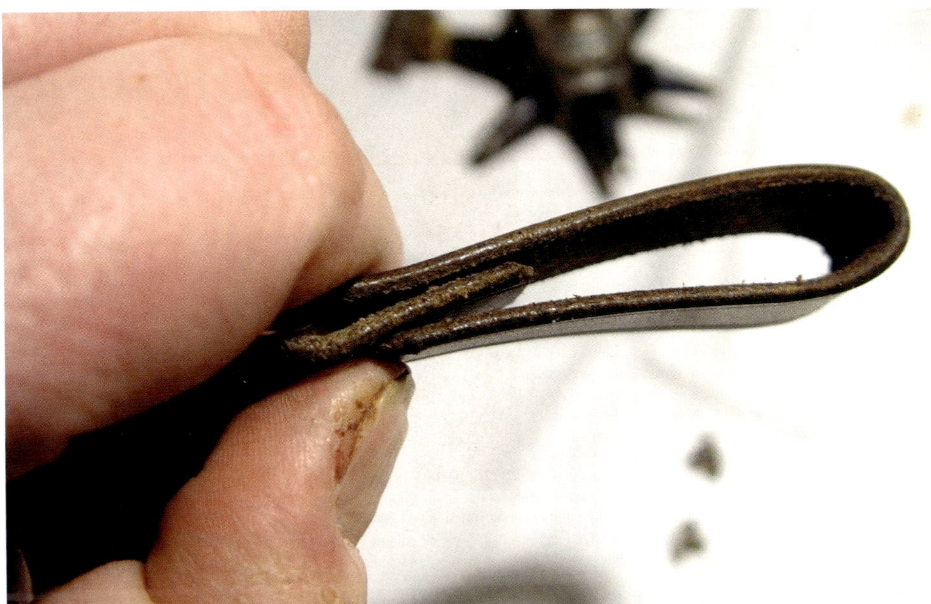

**Nachdem Sie die Schlaufe zusammengeführt haben, halten Sie sie wie im Bild gezeigt. Zeichnen Sie das Loch in der unteren Hälfte des längeren Schlaufenteils an. Im Bild befindet sich die Stelle rechts neben dem Daumen.**

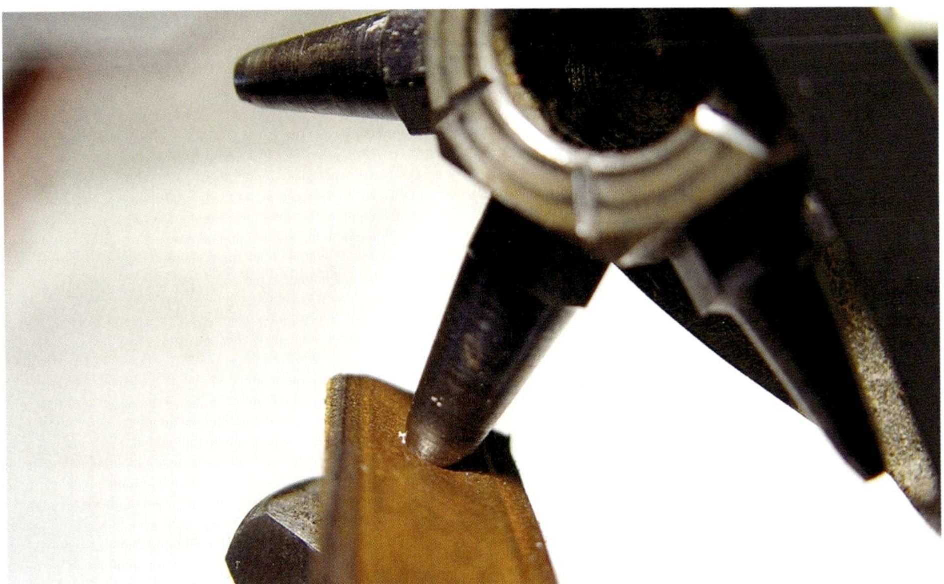

**Nehmen Sie nun die Lochzange und setzen Sie die Lochpfeife mittig auf der Markierung an. Stanzen Sie das Loch aus.**

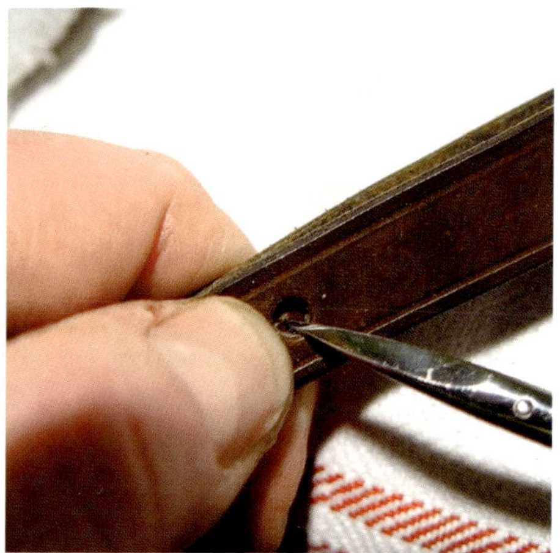

Setzen Sie die Schlaufe erneut zusammen. Achten Sie darauf, dass der zweite Lederriemen mittig unterhalb des ersten liegt. Durch den Mittelpunkt des Lochs hindurch stechen Sie einen Markierungspunkt auf die zweite Lage und stanzen auch das zweite Loch aus.

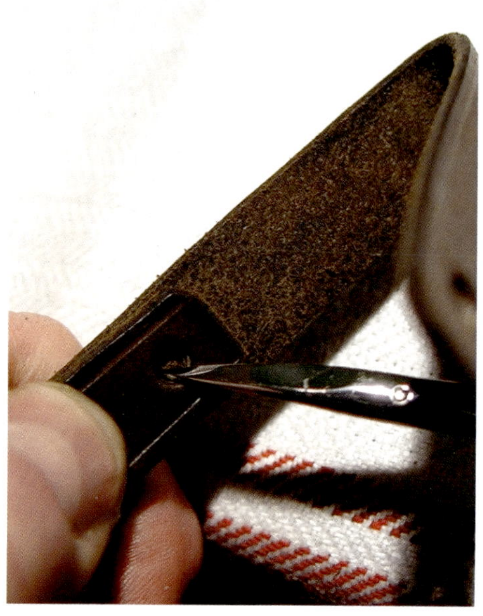

Durch das Loch im mittleren Teil wird nun das letzte Loch in der unteren Lage angezeichnet und anschließend ausgestanzt.

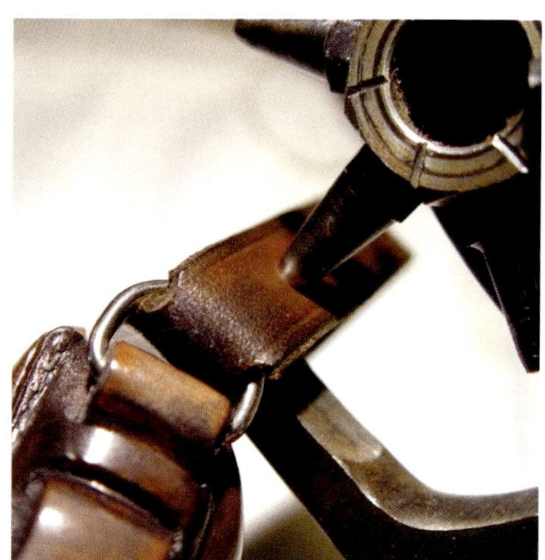

Wir gehen deshalb auf diese Weise vor, weil das letzte Loch von der Rückseite aus gestanzt wird. So hinterlassen wir keine unschönen Stanz-Spuren.

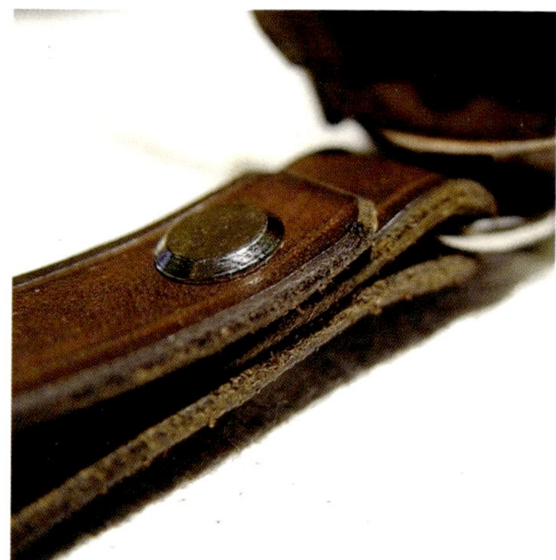

Dann wird der Schraub-Niet zusammengesetzt und von der Rückseite her festgeschraubt.

## 15. Die fertige Scheide

Nach zahlreichen Arbeitsschritten ist unsere Scheide endlich fertig. Das Ziel ist erreicht: Messer und Scheide sind zu einer Einheit geworden.

Während der Arbeit zweifelt man vielleicht manchmal daran, ob aus dem Lederzuschnitt tatsächlich eine Scheide wird. Doch wenn man sich an die Schritt-für-Schritt-Anleitung hält und geduldig und sorgsam an die Arbeit geht, kommt man letztendlich zu einem schönen Ergebnis. Probieren Sie ruhig auch neue Methoden aus, wenn Sie die grundlegenden Schritte beherrschen. Ihrer Kreativität sind keine Grenzen gesetzt.

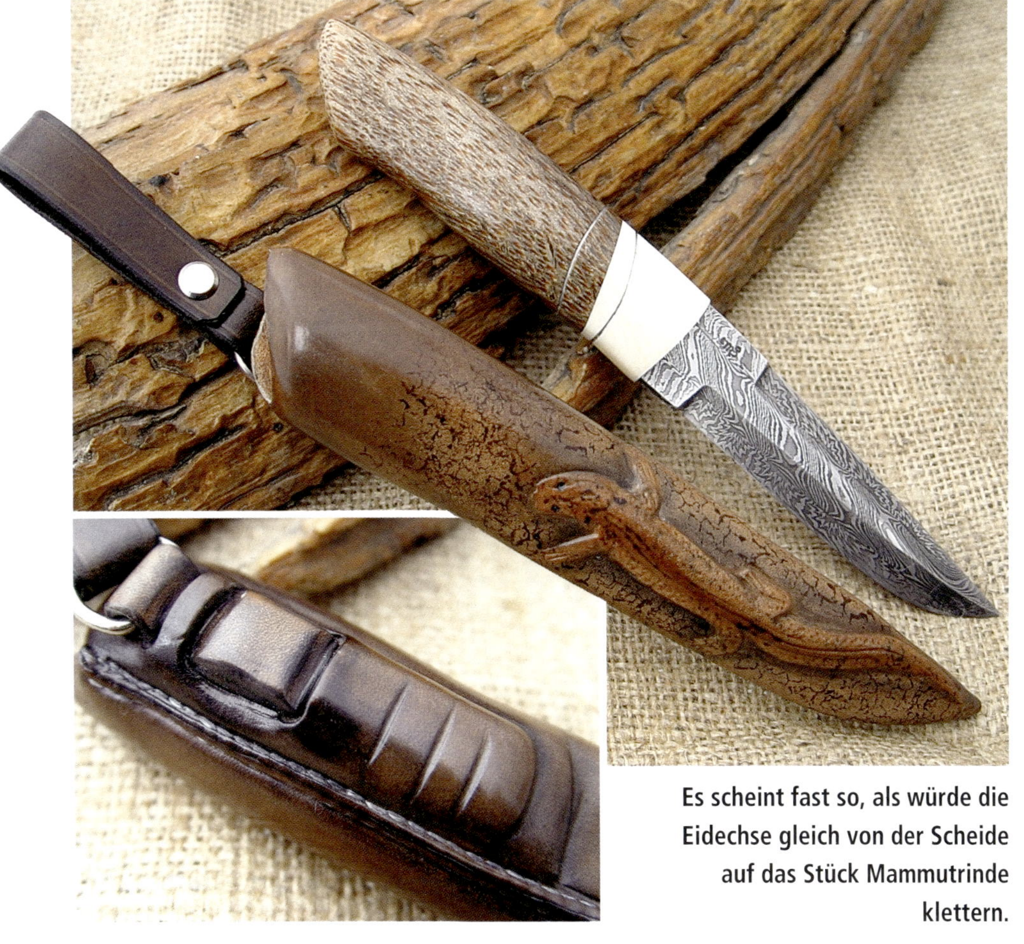

**Es scheint fast so, als würde die Eidechse gleich von der Scheide auf das Stück Mammutrinde klettern.**

# ZUBEHÖRLIEFERANTEN

Bei diesen Lieferanten erhalten Sie Material und Werkzeug.

**Messerwerkstatt Steigerwald**
Schwander Str. 12a
90530 Wendelstein
Tel. 09129-402151
Fax 09129-402152
info@steigerwald-messer.de
www.steigerwald-messer.de

**Dhan – Blades and More**
D. Andre Olbricht
Schmiedebergstr.13
34593 Knüllwald
Tel. 05686-930108
Fax 05686-930108
mail@bladesandmore.de
www.bladesandmore.de

**Wolf Borger**
Benzstraße 8
76676 Graben-Neudorf
Tel. 07255-72303
Fax 07255-72304
wolf@messerschmied.de
www.wolf-borger-messer.de

**Nordisches Handwerk**
Inh. Janet Fischer
Dorothea-Erxleben-Str.46
23562 Lübeck
Tel. 0451-3992797
Fax 0451-3992796
kontakt@nordisches-handwerk.de
www.nordisches-handwerk.de

**Via Claudia Messermanufaktur**
Rupert Linder
Bahnhofstr. 9
86981 Kinsau
Tel. 08869-921495
Fax 08869-911232
www.nordische-messer.de

**Rudolf Weber Jr.**
**Stahlwarenfabrik**
Gartenstraße 36
42653 Solingen
Tel. 0212-592136
Fax 0212-592549
info@weberknives.de
www.weberknives.de

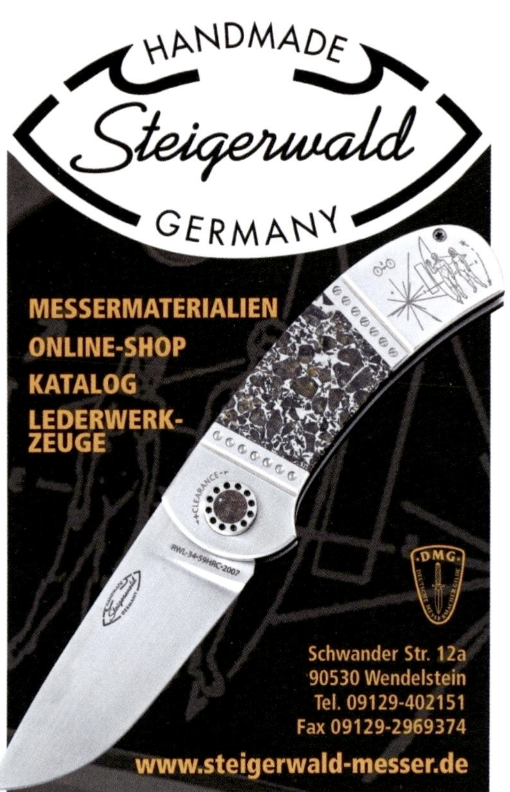
HANDMADE
Steigerwald
GERMANY
MESSERMATERIALIEN
ONLINE-SHOP
KATALOG
LEDERWERK-
ZEUGE
Schwander Str. 12a
90530 Wendelstein
Tel. 09129-402151
Fax 09129-2969374
www.steigerwald-messer.de

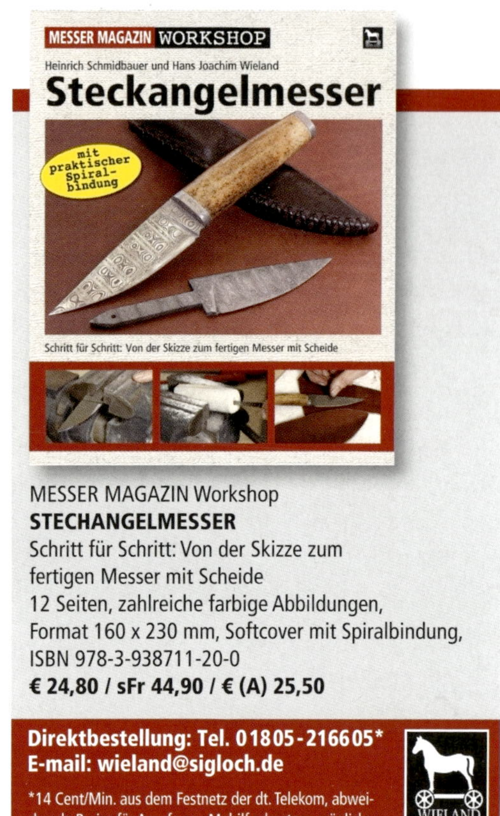
MESSER MAGAZIN WORKSHOP
Heinrich Schmidbauer und Hans Joachim Wieland
Steckangelmesser
mit praktischer Spiral-bindung
Schritt für Schritt: Von der Skizze zum fertigen Messer mit Scheide
MESSER MAGAZIN Workshop
STECHANGELMESSER
Schritt für Schritt: Von der Skizze zum
fertigen Messer mit Scheide
12 Seiten, zahlreiche farbige Abbildungen,
Format 160 x 230 mm, Softcover mit Spiralbindung,
ISBN 978-3-938711-20-0
€ 24,80 / sFr 44,90 / € (A) 25,50
Direktbestellung: Tel. 01805-216605*
E-mail: wieland@sigloch.de
*14 Cent/Min. aus dem Festnetz der dt. Telekom, abweichende Preise für Anrufe aus Mobilfunknetzen möglich
WIELAND

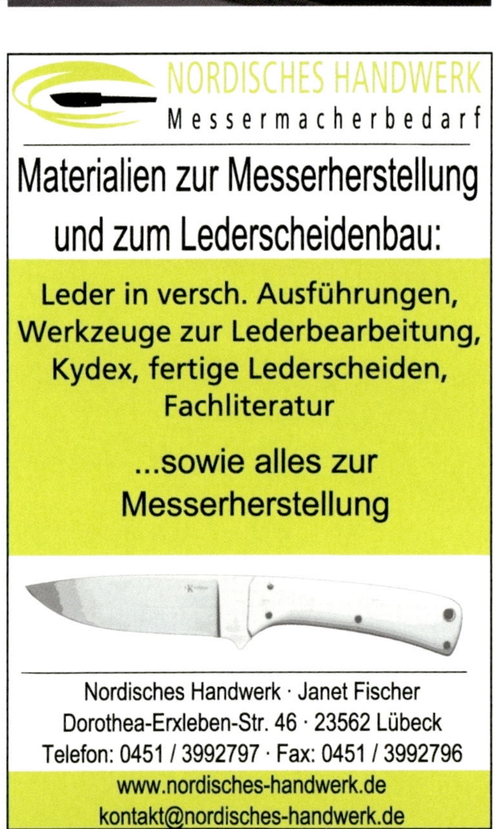
NORDISCHES HANDWERK
Messermacherbedarf
Materialien zur Messerherstellung
und zum Lederscheidenbau:
Leder in versch. Ausführungen,
Werkzeuge zur Lederbearbeitung,
Kydex, fertige Lederscheiden,
Fachliteratur
...sowie alles zur
Messerherstellung
Nordisches Handwerk · Janet Fischer
Dorothea-Erxleben-Str. 46 · 23562 Lübeck
Telefon: 0451 / 3992797 · Fax: 0451 / 3992796
www.nordisches-handwerk.de
kontakt@nordisches-handwerk.de

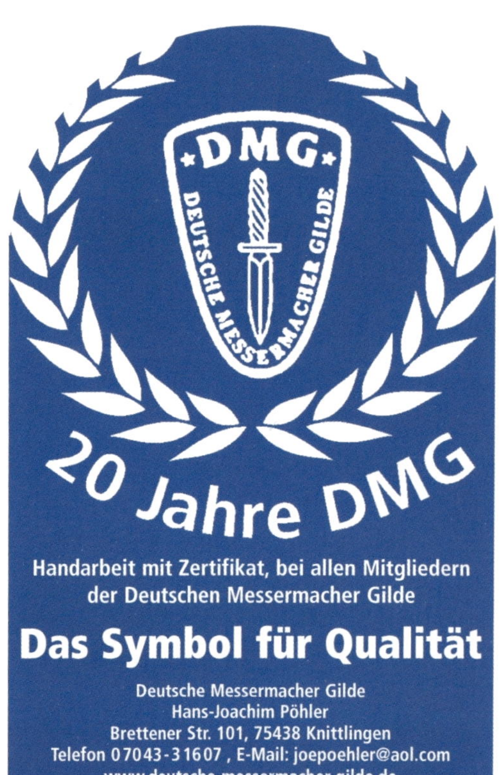
DMG
DEUTSCHE MESSERMACHER GILDE
20 Jahre DMG
Handarbeit mit Zertifikat, bei allen Mitgliedern
der Deutschen Messermacher Gilde
Das Symbol für Qualität
Deutsche Messermacher Gilde
Hans-Joachim Pöhler
Brettener Str. 101, 75438 Knittlingen
Telefon 07043-31607 , E-Mail: joepoehler@aol.com
www.deutsche-messermacher-gilde.de